재활용품의 화려한 변신

# 루시아즈의 리얼 리폼

배재경 지음

Book
magazine&publishing

# 이웃들과 함께 나누는
# 성숙한 리폼 문화를 만들고 싶어요

얼마 전, 출판사에서 연락이 왔습니다. 『루시아즈의 리얼리폼』이 대만에 수출되었다는 겁니다. 생각지도 못한 반가운 소식에 얼마나 기뻤는지 모릅니다. 제가 만든 작품을 이제 우리나라뿐만 아니라 세계인이 함께 보게 된 거잖아요? 은근히 자부심도 느껴지고 긴장도 되더군요. 뭔가 더 잘해 보아야겠다는 생각도 들고요. 그래서 블로그 활동도 더 열심히 하게 되었답니다.

그러다 이 기회에 책도 좀 더 업그레이드를 해보면 어떨까 하는 생각이 들었습니다. 그동안 새로운 아이디어도 많이 생겼고, 새로 만든 작품들도 더 소개하고 싶은 욕심이 생겨서요. 망설이다 출판사에 제의했더니 흔쾌히 개정판 계획을 세워주시더군요. 그렇게 해서 그동안 만들어놓은 작품 몇 개에 새로운 작품들을 더해서 『루시아즈의 리얼리폼 개정판』을 내놓게 되었습니다.

『루시아즈의 리얼리폼 개정판』은 기존 책에서는 볼 수 없었던 새로운 작품을 15개나 더 담고 있답니다. 만들기 쉽고, 재료도 구하기 쉬워서 누구나 부담 없이 시도해 볼 수 있는 아이템들이죠. 그리고 처음에 책이 나왔을 때 독자나 블로그 이웃들이 아쉬움을 표했던 부분들도 일부 보완했답니다. 그러고 보니 책이 한결 무게감이 있어진 듯한 느낌이 들어 저도 만족스럽습니다.

하지만 이번 책에서도 변함없는 한 가지가 있습니다. 바로 책 제목처럼, '루시아즈는 진짜 리폼만 한다'는 것입니다. 사실 많은 핸드메이더들이 작품의 완성도를 높이기 위해 엄청난 재료비를 쏟아 붓고 있습니다. 시각적으로야 아름답지만, 생활 속의 핸드메이드가 점점 고급 취미가 되어가는 것 같아 아쉬울 때가 많지요. 하지만 저는 몇 년 전이나 지금이나 '돈 안 드는 알뜰한 리폼, 환경을 살리는 진짜 리폼'을 하고 싶고, 또 그렇게 하려 노력하고 있답니다. 그렇게 몇 년을 보내고 나니 저와 제 주

변의 리폼 문화도 한결 성숙되어가고 있는 것 같아 뿌듯해요.

요즘은 우리 도연이가 많이 커서 엄마의 리폼에 동참하고 있답니다. 엄마가 항상 환경을 걱정하고 리폼 하는 것을 지켜보며 "엄마는 만날 만날 만들기만 해?"하며 투덜대던 아이가 어느덧 의젓하게 앉아서 뭔가를 만들고 있는 모습을 보면 참 이상한 기분이 들곤 한답니다. 교육이란 이렇게 생활 속에서 자연스럽게 이루어져야 하는 것이구나 하는 생각도 들고요.

우리 가정에서 리폼은 이제 생활의 한 모습이 된 것 같습니다. 항상 새로운 아이디어를 도출하는 가운데 아이의 창의성이 발달하고 효용이 다한 물건이라도 고쳐서 한 번 더 쓰는 알뜰한 모습에서 경제관념을 키울 수 있지요. 뿐만 아니라 예술적인 감각도 점점 발달하는 것 같아요. 항상 머리와 손을 함께 사용하니 두뇌발달에도 도움이 되지 않을까 싶고요.

제 블로그 이웃이나 이 책을 접하는 독자 여러분도 리폼을 자연스러운 일상으로 받아들였으면 좋겠어요. 그러다 보면 어느 순간, 리폼이 우리 생활이나 인생 자체를 리폼해 주는 계기가 되지 않을까 하는 생각이 들어요. 그게 바로 성숙한 리폼 문화 아니겠어요?

마지막으로 나의 리폼을 항상 즐거운 시선으로 바라봐주는 가족들에게 감사하며, 이 모든 과정을 함께하신 하나님과 저의 가장 든든한 후원자이신 블로그 이웃과 UCC 팬 여러분께 감사의 마음을 전합니다.

루시아즈 배재경

# contents

## PART 3.
## Kitchen  깔끔한 이미지의 주방

# PART 4.
## Balcony 발코니 포인트 공간

생각보다 쉽고 재미있는
리폼의 세계,
기본기 몇 가지 익혀 두면
훨씬 즐겁답니다.

PART 1

# 리폼 시작 전에
# 알고 넘어가자구요!

리폼에는 어떤 테크닉들이 주로 사용되는지 아세요?
나만 모르고 있나 싶어 선뜻 물어보기 어려운
사소한 궁금증은 없으세요?
본격적인 리폼에 들어가기 전에
자잘한 기본기들을 익혀 두면
리폼 과정 하나하나가 더욱 즐겁답니다.
본격적으로 리폼을 시작하기 전에
꼭 읽고 넘어가세요!

# 리폼의 기본이 되는 테크닉 익히기

와이어 공예  스텐실  포크아트  데코파주  레터링

## 와이어 공예

와이어 공예는 유럽이나 일본에서 널리 대중화된 공예의 한 분야이다. 특히 일본에서는 알루미늄 와이어를 소재로 하여 생활에 필요한 소품을 직접 만드는 공예가 인기를 끌고 있는데, 실생활에서 사용할 수 있는 작품 디자인이 다양하게 선보이고 있어 주부들에게 큰 사랑을 받고 있다.

와이어 공예의 가장 큰 매력은 부드럽고 표현력이 우수한 알루미늄 와이어의 특성을 활용해 누구나 쉽게 자신이 디자인한 작품을 입체적으로 표현할 수 있다는 것. 뿐만 아니라 아이디어에 따라 얼마든지 새로운 디자인을 개발할 수 있다는 즐거움도 크다. 생활 소품은 물론, 조형미를 갖춘 장식품, 교육 자료, 순수 예술품까지 활용 범위도 무궁무진하다.

또한 알루미늄 와이어는 물에 강하며 다양한 컬러로 선보이고 있어 실용성에 만들기의 즐거움까지 더해 주고 있다. 기본기만 익히면 누구나 손쉽게 도전할 수 있어 취미로 즐기기에도 그만이다.

## 스텐실

스텐실은 '글자를 찍는다'라는 뜻의 옛 프랑스어 '에스텐세라'에서 유래된 판화 기법의 일종이다. 즉 원하는 그림이나 글자를 두꺼운 종이나 필름에 옮겨 칼로 오려 낸 뒤 천이나 종이, 나무 등에 올려놓고 아크릴물감과 평평한 스텐실 붓을 사용해 위아래 방향으로 두드리거나 살짝 문지르듯이 돌려 가며 찍어내는 기법이다.

상업적인 기성품과 개성이 존중되지 않은 기계제품에 식상해 있는 현대인들에게 내추럴하면서도 낡은 듯한 컨트리 이미지로 다가온 스텐실은 내 손으로 직접 만들어낸다는 신선함과 더불어 새로운 수공예로 자리 잡게 되었다.

스텐실의 가장 큰 장점은 종이나 천, 나무나 벽, 어디건 그 소재를 가리지 않는다는 점으로, 낡은 가구를 리폼해서 사용하는 것이 유행인 요즘 더욱 각광받고 있다.

## 데코파주

명화나 옛날 포스터, 냅킨, 데코파주 전용 페이퍼 등을 가위로 오려 붙이는 공예 기법을 데코파주라고 한다. 공예용 본드를 물에 개어 그림을 붙이고 그림 위에 본드를 한 번 더 덧칠하면 완성된다. 보통은 그림의 경계선을 없애는 데 아크릴물감을 이용하며, 물감이 마르면 마감재로 마무리하여 내구성을 강화한다.

데코파주를 깔끔하게 마무리하면 마치 손으로 직접 그림을 그린 듯한 질감을 즐길 수 있다. 오래되고 낡은 가구를 리폼할 때 많이 사용되며, 초보자들도 손쉽게 시도할 수 있어서 리폼 기법으로 사랑받고 있다.

## 포크아트

톨 페인팅이라고도 불리며 유럽과 미국에서는 오래 전부터 일반화된 공예의 한 기법이다. 대부분의 서구 공예가 그렇듯, 포크아트도 유럽에서 발생, 성장해서 신대륙의 발견과 더불어 미국으로 건너왔고, 초기 개척시대를 지나면서 가구나 실내를 장식하는 기법으로 발전되었다.

초기에는 소재가 목재로 한정되어 있었으나 차츰 목재는 물론 철재, 유리, 도자기, 직물, 캔버스, 함석, 시멘트 등 모든 일상생활 용품으로 확대되어 자유로운 표현 기법으로 발전해 왔다. 특히 빨리 마르고 내구성이 뛰어난 아크릴물감의 개발은 누구나 쉽게 포크아트를 즐기며 배울 수 있도록 함으로써 포크아트의 일반화에 획기적인 역할을 했다.

그림을 그려 보지 않은 사람도 쉽게 배워 즐길 수 있어 더욱 매력적인 포크아트는 일상생활의 작은 물건에서부터 가구, 인테리어 등에 자유롭게 활용할 수 있다.

## 레터링

가장 널리 사용되는 것이 판박이 타입의 레터링이다. 이 레터링은 전사할 위치를 정해 글자를 갖다 대고 전사펜으로 가볍게 골고루 문질러 주면 글자가 새겨진다. 다양한 크기, 다양한 서체를 표현할 수 있어서 편리할 뿐만 아니라 솜씨가 없는 사람도 프로급의 표현이 가능하다. 단 손이 자주 타는 곳에 사용하면 벗겨질 수 있으니 주의해야 하며, 바니쉬 같은 마감재로 마무리 해주면 좋다.

# 작품의 완성도를 높이는
# 리폼의 기본기

## 낡은 목재의 흠집 메우기

목재의 흠집은 눌린 자국, 파인 자국, 균열 등으로 나눌 수 있다. 이렇게 목재 자체에 결손이 있는 가구를 리폼할 때는 결손 부분을 메워 주거나 보충해 주는 작업이 필요하다. 결손 부위를 보완할 때는 주로 톱밥 가루나 샌딩 분진을 에폭시 본드와 섞어서 반죽을 만들어 사용한다. 갈라진 부분에 반죽을 밀어 넣고 그 위에 약간 두툼하게 발라 주었다가 완전히 마른 뒤 사포로 샌딩하면 말끔해지고 색 또한 잘 맞다.

흠집이 깊게 난 부분에는 제품화되어 있는 '메꿈이'를 이용하는 것도 편리하다. 메꿈이로 결손 부위를 메운 뒤 완전히 마르면 사포로 샌딩한다.

## 사포의 종류와 샌딩하는 방법

사포는 목재 등의 거친 표면을 연마하는 작업에 쓰인다. 뒷면에 적혀 있는 숫자는 사포의 거칠기를 뜻하는데, 이 숫자는 가로, 세로 1cm 안에 들어 있는 알갱이의 숫자를 말한다. 예를 들어 120방 사포의 경우 가로 세로 1cm 안에 알갱이가 120개가 들어 있다는 얘기가 된다. 사포는 숫자가 클수록 알갱이가 많아서 샌딩을 하면 표면이 고와진다. 또 같은 수의 사포라도 목공 사포와 종이 사포가 다른데, 목공 사포에 비해 종이 사포가 조금 더 곱다.

보통은 120방, 150방을 먼저 사용하여 나무의 거친 부분을 다듬은 뒤에 180방, 220방으로 표면을 곱게 샌딩하여 마무리한다.

## 젯소의 용도와 바르는 노하우

젯소는 아크릴물감, 유화, 벽화의 바닥칠용 캔버스 등에 사용하는 제품으로 일종의 하도제이다. 젯소는 건조된 뒤에 무광이 되며 내수성이 좋다. 또한 시멘트, 콘크리트 벽, 가구 등에도 칠이 잘 되며 부착 면과의 밀착감, 접착성을 높여 주기 때문에 페인트칠 등을 할 때 먼저 바르면 페인트칠을 한결 손쉽게 해준다.

젯소를 사용할 때는 물에 약 20%로 희석하여 뭉쳐 있던 것들을 잘 풀어 주고 붓을 가로세로로 움직여 가며 얇고 균일하게 칠한다. 1회 칠한 것이 완전히 건조된 뒤 2, 3회 같은 방법으로 칠해 주면 된다.

초강력 젯소의 경우, 일반 젯소에 비해 가격은 비싸지만 1회 사용만으로 2, 3회 칠한 것과 같은 효과를 내므로 시간이 절약된다는 장점이 있다.

## 자연스러운 멋을 살리는 페인팅 기법

페인트는 대부분 2, 3회 정도 칠해 주어야 제 색을 낸다. 특히 가구의 색이 강하면 4, 5회 정도 칠해 주기도 한다. 페인팅을 효과적으로 하려면 1차 페인팅을 한 뒤에 표면이 거칠거나 이물질이 묻어 있는 부분을 180방이나 220방 등의 고운 사포로 샌딩하여 부드럽게 만든 뒤 2, 3회 덧칠해 준다.

공예용으로 사용하는 페인트는 주로 천연 페인트와 밀크 페인트이다. 천연 페인트는 말 그대로 자연에서 재료를 얻어 만든 것으로, 효용이 다한 뒤 다시 땅으로 되돌아 갈 수 있도록 한 친환경 소재다. 식물에서 추출한 순수 무공해 천연 원료만을 사용하여 만들기 때문에 중금속이 함유되어 있지 않고 휘발성 유기용제 또한 사용이 억제된 제품이다.

밀크 페인트는 수성 아크릴 페인트로 실내 및 야외용 가구에 우유의 부드러운 느낌을 살려 사용하는 페인트다. 밀크의 부드러움과 빈티지, 셰비 스타일의 정크한 느낌을 주는 앤티크 가구에 자연스러운 멋을 더해 주는 특별한 페인트다.

## 마감처리 깔끔하게 하는 방법

가구 리폼을 할 때는 대부분 마감재로 바니쉬를 사용한다. 바니쉬는 오염을 덜 묻게 하고 페인트의 유해 물질을 차단해 주는 역할을 한다. 냄새가 거의 나지 않아 가구 리폼의 마감재로 주로 쓰인다. 바니쉬는 무광, 저광, 고광으로 나누어지는데 리폼에 주로 사용하는 제품은 저광, 무광이다.

코팅 역할을 해주기 때문에 물이나 습기에 노출되기 쉬운 가구에 바르면 내구성을 높일 수 있으며, 마르면 바르기를 반복하여 3회 이상 발라 주면 그 효과를 충분히 누릴 수 있다.

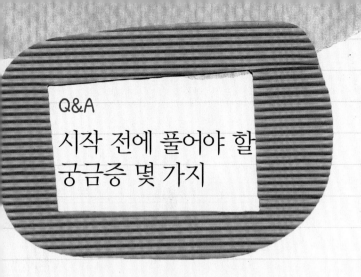

## 가구를 리폼하는 데도 순서가 있다고 하던데요?

가구를 리폼할 때는 우선

1. 리폼할 가구를 깨끗이 닦는다.
2. 눌린 자국이나 파인 자국 같은 결손을 '메꿈이'로 메워 주고
3. 사포(180방)로 가볍게 샌딩을 해서 표면의 압착성을 높인다.
4. 젯소를 1, 2회 칠해 준 뒤
5. 페인트를 1회 바르고
6. 사포(120방, 150방)로 붓자국을 없앤 뒤
7. 페인트를 1, 2회 더 발라 준다.
8. 바니쉬를 2, 3회 가량 발라 마무리하면 완성된다. 여기에 더해
9. 컨트리한 느낌을 내려면 바니쉬를 바르기 전에 페인트가 완전히 마르고 나면 사포(180방, 220방)로 가장자리 부분을 샌딩해 준다.
10. 그런 다음 포인트가 되는 그림이나 글씨를 스텐실하거나 포크아트 기법으로 그려 준다.

## 사포로 샌딩하거나 젯소를 바르는 이유는 뭔가요?

리폼할 가구를 사포로 샌딩하거나 젯소를 바르는 이유는 페인트의 압착을 돕기 위해서다. 가구 표면에 묻어 있는 이물질이나 기존의 페인트, 바니쉬 등을 사포로 충분히 샌딩해 줘야 페인트의 압착이 높아진다는 점을 기억하기 바란다.

## 목재를 자를 때 톱질하는 데도 노하우가 있나요?

톱질을 안 해본 사람들은 지레 겁을 먹게 된다. 하지만 여기에도 노하우가 있다.

1. 재단할 목재를 왼손으로 잡고 오른손으로는 톱을 잡는다. 톱을 잡을 때는 손잡이 뒷부분을 잡는다.
2. 어깨와 팔, 손목의 힘을 뺀다. 힘이 들어가면 부드럽게 잘리지 않기 때문에 목재를 반듯하게 자르기 위해서는 톱을 앞뒤로 넣고 당기는 움직임에 흔들림이 없어야 한다.
3. 왼손 엄지로 부드럽게 목재를 잡는다. 이는 톱을

보다 안정적으로 잡아 주는 역할을 한다.

4. 이런 자세에서 톱을 잡아당기면 비로소 목재가 잘린다.

5. 무리하게 힘을 주어 푹푹 자르려 하지 말고 일정한 속도를 유지하면서 밀고 잡아당기기를 반복한다. 힘을 너무 가하면 나무가 뜯겨져 버리거나 바르게 잘리지 않으니 부드럽고 천천히 작업하도록 한다.

## 페인트를 깨끗하게 칠하는 노하우가 있나요?

페인트를 칠할 때는 먼저

1. 칠할 곳을 깨끗이 닦아 준다.

2. 구석진 부분은 가는 붓으로 먼저 칠하고

3. 이어 넓은 부분을 칠해 주면 된다.

4. 칠을 하는 순서는 높은 곳에서 낮은 곳으로, 왼쪽에서 오른쪽으로, 세로에서 가로로 칠해 주면 된다.

5. 맨 처음 페인트를 사용할 때는 물을 약 10% 가량 희석하여 칠해 주고

6. 2, 3회 사용 시에는 원액 그대로 칠해 주면 깨끗하게 표현된다.

## 스텐실은 어떤 방법으로 하는 건가요?

스텐실은 도안을 잘라 내고 도려낸 부분에 물감을 채워서 말끔하게 떼어내는 공판화 기법 중 하나이다. 보통 판화는 찍으면 그림의 좌우가 반대가 되는데, 공판화는 도안 그대로 찍히기 때문에 훨씬 쉽다. 스텐실을 할 때는

1. OHP 필름에 도안을 복사하거나 그림이나 글씨를 출력한 종이 위에 필름을 대고 유성펜으로 도안을 그린 뒤

2. 문구용 칼로 오려낸다.

3. 스텐실할 부분에 도안을 대고

4. 아크릴물감을 스텐실붓이나 스펀지에 묻혀

5. 위아래로 톡톡 가볍게 여러 번 두드려 준다.

6. OHP 필름을 떼어내면 완성이다.

## 그림이나 글씨를 깔끔하게 스텐실하는 방법은?

아크릴물감에 물을 섞어서 사용하면 번지므로 물을 거의 섞지 않은 원액을 사용하면 스텐실을 깔끔하게 할 수 있다. 또 스텐실 붓이나 스펀지에 아크릴물감을 묻힌 뒤 여러 번 다른 종이에 두드려 주어 물감이 거의 묻어 있지 않은 상태에서 스텐실을 하면 깔끔하게 표현된다. 이때 붓이나 스펀지를 두드리는 강도나 횟수로 명암의 강도를 조절할 수 있다.

## 나무로 된 사과상자는 어디서 어떻게 구하나요?

요즘에는 종이로 된 사과상자가 대부분이지만 아직도 나무 상자를 쓰는 곳이 많다. 동네 과일가게나 마트에 부탁해 놓거나 청과물 재래시장에 가면 쉽게 많은 양을 구할 수 있다.

이 정도
선반쯤은 나도
뚝딱 뚝딱!

타일로 장식해 좀 더
특별해 보이는 테이블.
거실 분위기가
확~ 달라져요!

# PART 2

# Living Room

## 단란한 분위기의 거실

집안의 첫인상을 좌우하는 현관과 거실.
알뜰한 주부의 손길이 가득 느껴지는 아늑하고
아기자기한 분위기로 꾸며 보면 어떨까요?
작은 열쇠걸이나 액자부터 집안 분위기를 바꿔
줄 만한 거실용 티 테이블까지, 어떤 물건이든
세상에 하나뿐인 디자인으로, 내 손으로 직접
만들어 사용해 보세요!

# 조개껍질과 코르크로 장식한 시계 열쇠걸이

시간의 역사가 느껴지는 로맨틱한 느낌의 시계. 화이트 톤으로 정돈한 도마에 조개껍질을 붙이고 스텐실로 타이포를 넣어 서정적인 느낌이 물씬 풍긴다. 와인병에서 나온 코르크 마개를 부착해 열쇠걸이 기능까지 겸하고 있어 더욱 실용적이다.

스텐실 기법

미리 준비해 주세요!

도마, 코르크 마개, 시계, 마끈, 조개껍질, 드릴, (망치, 글루건)

아크릴물감, 페인트, 붓, (바니쉬)

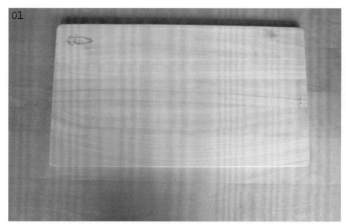

01

02

03

04

05

01. 도마에 흰색 페인트를 칠한다.

02. 드릴을 이용해 중심부에 구멍을 뚫어 준다.

03. 구멍의 중심에 맞추어 'TIME'이라는 글자를 아크릴물감으로 스텐실하고 바니쉬를 칠해 마감한다.

04. 구멍에 시계 바늘과 부속품을 설치해 고정시킨다.

05. 12시, 3시, 6시, 9시 방향에 조개껍질을 붙이는데, 글루건을 이용하면 편리하다.

조개껍질 대신 단추로 장식해도 예뻐요.

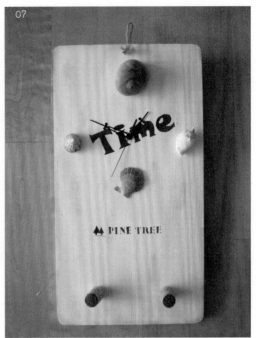

06. 열쇠걸이 위치를 정해 뒤쪽에서 못을 박고 앞으로 튀어나온 못 끝에 코르크 마개를 눌러 박는다.

07. 전체적인 균형만 잘 잡으면 무리 없이 완성!

## 스텐실 깨끗하게 하는 법

투명하고 적당한 두께감을 가지고 있는 OHP 필름에 원하는 그림이나 글씨를 그린 뒤 칼로 오려 도안을 만든다. 원하는 부위에 대고 스텐실 붓에 물감을 묻혀 위아래 번갈아 가며 살짝 두드려 주면 깔끔하게 완성할 수 있다.

# 도마를 이용한
# 프로방스풍 열쇠걸이

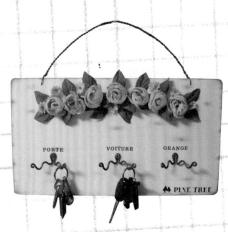

이번에는 더 심플하면서도 여성스러운 이미지의 열쇠걸이에 도전해 보자. 역시 낡은 도마에 색칠을 하고 장식을 더해 새로운 이미지를 탄생시킨 작품이다. 아주 간단한 수준의 와이어 공예와 레터링을 함께 맛볼 수 있는 좋은 아이템이다.

와이어 공예, 레터링

미리 준비해 주세요!

도마, 앤티크 와이어(3.5mm/1.2mm), 조화, 드라이버, 판박이 타입 레터링

페인트, 붓, (바니쉬, 9자말이 집게)

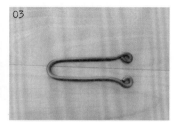

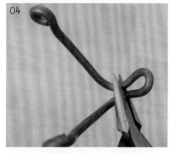

9자말이 집게를
사용하여 한번에
구부려야
깔끔해요.

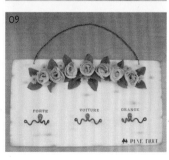

PORTE

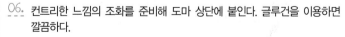

01. 도마에 흰색 페인트를 칠한 다음 부분적으로 갈색 페인트로 터치를 해서 오래된 듯한 느낌을 살린다. 이때는 스텐실 붓을 이용하는 것이 가장 효과적이다.

02. 브라운 톤의 앤티크 와이어(3.5mm)를 준비해 9자말이 집게로 양쪽 끝부분을 동그랗게 말아 준다.

03. 중심 부분을 구부려 반으로 꺾어 준다.

04. 와이어를 벌려 균형을 잡으며 나사못이 들어갈 구멍을 만들어 준다.

05. 양쪽 끝의 간격을 넓히고 와이어를 구부려 물결 모양으로 만든다.

06. 컨트리한 느낌의 조화를 준비해 도마 상단에 붙인다. 글루건을 이용하면 깔끔하다.

07. 레터링 판박이를 문질러 글자를 새기고 바니쉬를 칠한다. 레터링 판박이를 붙일 때는 볼펜이나 붓 손잡이의 둥근 끝부분을 이용하면 좋다.

08. 열쇠걸이 위치를 잡아 나사못으로 와이어를 고정시켜 준다.

09. 와이어(1.2mm)로 걸이를 만들어 달아 준다.

# 낡은 탁상시계를 리폼한
# 앤티크 시계

낡고 촌스러워서 창고에 처박아 두었던 낡은 시계를 꺼내 앤티크한 이미지의 행잉 시계로 변신시켜 보았다. 뒷면은 자연스러운 느낌의 페인팅과 스텐실로 멋을 살려 주면 더욱 좋다. 공간에 따라 길이나 거는 방향 등으로 조절하면 색다른 멋을 즐길 수 있다.

와이어 공예

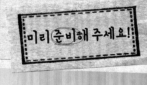

미리 준비해 주세요!

안 쓰는 시계

앤티크 와이어(3.5mm/1.2mm), 니 퍼, 9자말이 집게

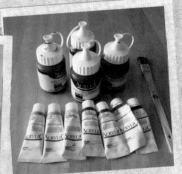

아크릴물감, 붓, (공예용 접착제)

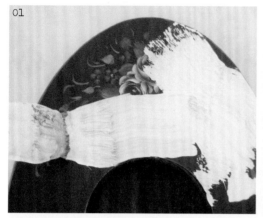

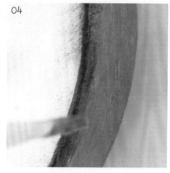

01. 둥근 나무판에 흰색 아크릴물감을 칠한다.

02. 사포(180방)로 문질러 앤티크한 느낌을 살린다.

03. 도안을 준비해 원하는 위치에 올려놓고 아크릴물감을 바른 뒤 스텐실 붓으로 위아래 가볍게 두드려 준다.

04. 나무판의 모서리 부분에 금색 아크릴물감을 칠해 준다.

05. 시계 둘레는 검정색 아크릴물감으로 칠해 준다.

시계 둘레도 앤티크하게 칠해주면 통일감이 있어 더욱 멋스러워요.

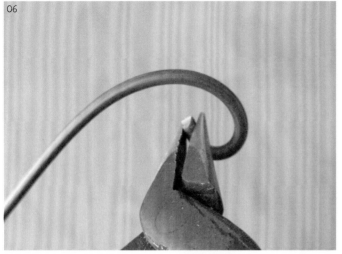

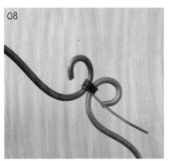

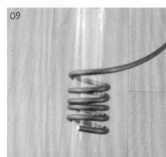

06. 앤티크 와이어(3.5mm)를 10cm
가량 자른 뒤 9자말이 집게로 구
부려 준다. 와이어를 자를 때는
니퍼를 이용하면 편리하다.

07. S자 모양으로 구부린 와이어를
8개 준비해 둔다.

08. S자 모양 와이어 2개를 앤티크
와이어(1.2mm)로 감아 연결시킨
뒤 공예용 접착제로 나무판 가장
자리에 붙여 준다.

09. 적당한 크기의 원통을 이용해 앤
티크 와이어(3.5mm)를 둥글게
감는다.

10. 한쪽을 니퍼로 잘라 동그란 모
양의 고리를 만든다.

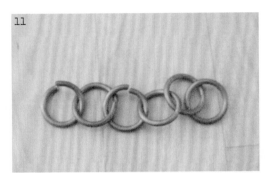

11.

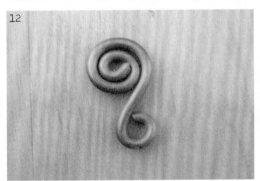

12

11. 잘라 낸 와이어를 서로 연결해 체인을 만든다.

12. 골뱅이 모양으로 나사못 고리를 만들어 체인 끝부분에 연결한다.

13. 낡은 탁상시계가 앤티크한 시계로 다시 태어났다.

13

---

# 사포의 호수는 무슨 뜻?

사포의 호수를 표시하는 숫자는 가로, 세로 1cm 안에 들어가는 알갱이의 숫자를 말하는 것으로 사포 면의 거친 정도를 가리킨다. 숫자가 클수록 알갱이가 많아 고운 것이다. 거친 부분은 120방, 150방을 먼저 사용하여 샌딩하고 180방, 220방을 사용하여 표면을 곱게 만든다. 뒷면이 종이보다는 헝겊으로 되어 있는 게 오래 쓸 수 있어서 실용적이다.

# 와이어 깨끗하게 구부리기

와이어는 한번에 구부려야 집게 자국이 남지 않고 깨끗하게 구부려진다. 천이나 화장지를 대고 구부리면 자국이 남지 않아 더욱 깨끗하다.

# 국자와 널빤지로 만든
# 초간단 촛대

매끈하고 심플한 국자를 이용하면 모던하면서도 컨트리한 느낌이 살아
나는 촛대를 만들 수 있다. 국자의 기본 라인과 형태를 최대한 활용한 디
자인이라 만드는 법도 아주 간단하다. 나무판에 어떤 색을 칠할지, 어떤
문양을 넣을지 결정하는 과정도 남다른 재미.

스텐실 기법

미리 준비해 주세요!

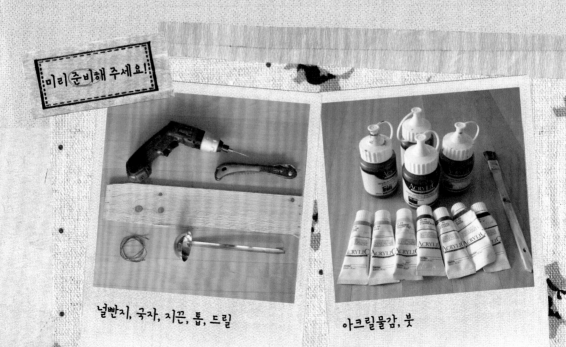

널빤지, 국자, 지끈, 톱, 드릴

아크릴물감, 붓

힘을 빼고
여러 번 터치를
해주어야 좀 더
자연스러워요.

01. 재활용 널빤지를 국자 크기에 맞춰 자른 뒤 올리브 그린과 흰색 아크릴물감을 적당히 섞어서 칠해 준다.

02. 스텐실 붓을 이용하여 부분적으로 갈색 아크릴물감을 칠해 오래된 듯한 느낌이 나게 터치해 준다.

03. 지끈으로 국자를 고정시킬 위치 두 곳에 구멍을 각각 2개씩 뚫어 준다.

04. 지끈을 구멍에 넣을 때는 끈의 끝부분에 스카치테이프를 감아 주면 쉽게 넣을 수 있다.

05. 'ㄱ'자 모양으로 구부러져 있는 국자 윗부분을 판자 위쪽에 걸어 준다.

06. 국자 윗부분에 위치를 잡아 드릴로 구멍을 하나 뚫는다.

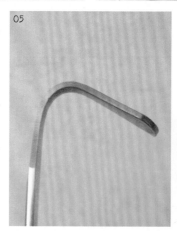

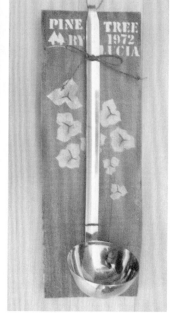

07. 지끈으로 묶어 판자에 국자를 단단히 고정시킨다.

08. 앞쪽은 리본으로 묶어 장식성을 살린다.

09. 스텐실로 글씨나 그림을 넣으면 또 다른 느낌이 살아난다.

## 오래된 듯한 느낌 만들기

갈색 아크릴물감으로 거칠고 오래된 듯한 느낌을 낼 때는 물감에 물을 섞지 않고 붓만으로 가볍게 문질러 터치를 해 주는 것이 효과적이다.

# 와이어의 유연함을 살린
# 로맨틱 촛대

와이어 공예로 작은 바스켓을 만들어 벽걸이에 연결하면 로맨틱한 촛대가 탄생한
다. 자연스러운 멋과 우아함을 살리는 것이 완성도를 높이는 노하우다. 아이디어
에 따라 나만의 곡선과 유연함을 살리면 다양한 디자인이 가능하다.

와이어 공예

미리 준비해 주세요!

나무판, 검정색 와이어(3.5mm/1.2mm),
니퍼, 9자말이 집게, 톱, (공예용 접착
제, 나사못)

아크릴물감, 붓

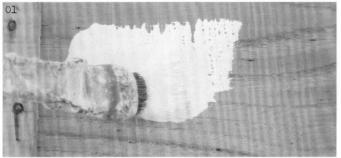

01.

01. 나무판을 반으로 자른 뒤 흰색 아크릴물감을 칠한다.

02. 검정색 와이어(3.5mm)를 40cm 정도 준비해 9자말이 집게로 끝 부분을 동그랗게 말아 준다.

03. 준비한 와이어(3.5mm) 중심으로 해 25cm 2개를 9자말이 집게로 끝부분을 말아 준비한다.

04. 마스킹 테이프를 이용하여 와이어를 고정시킨 뒤 모양을 잡아 검정색 와이어(1.2mm)로 연결한다. 마스킹 테이프로 와이어를 고정시킨 다음 작업을 하면 쉽고 단단하게 연결할 수 있다.

05. 나무판의 포인트가 될 부분에 원하는 글씨를 스텐실 해준다.

02.

03.

04.

마스킹 테이프를 이용하여 와이어를 감으면 튼튼하고 깔끔해요.

05.

06

07

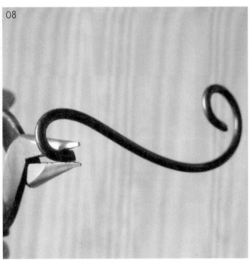

08

09

06. 나사못을 이용해 와이어를 나무판에 고정시킨다.

07. 검정색 와이어(3.5mm)를 25cm 길이로 자른 뒤 골뱅이 모양으로 말아 준다.

08. 검정 와이어(3.5mm)를 10cm 길이로 잘라 S자 모양으로 10개 만든다.

09. 준비한 S자 모양 와이어를 2개씩 연결해 하트 모양으로 만든다. 이때는 검정색 와이어(1.2mm)를 이용한다.

연결할 때는 와이어(1.2mm)를 잡아당기면서 감아요.

10

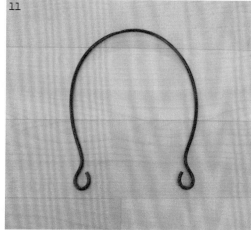

11

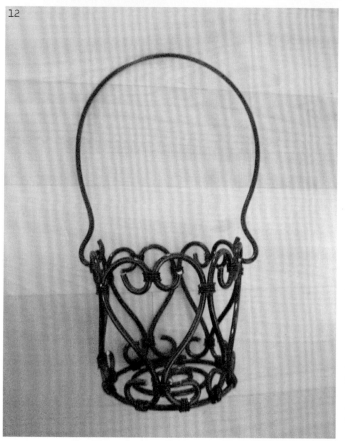

12

10. 골뱅이 모양으로 말아 놓은 와이어를 바닥에 놓고 하트 모양과 하트 모양을 연결해 바구니 모양의 틀을 만든다. 이때 역시 검정색 와이어(1,2mm)를 이용한다.

11. 검정색 와이어(3,5mm)를 20cm로 잘라 걸이 부분을 만든다.

12. 촛대에 걸이를 연결시켜 나무판에 걸기만 하면 끝!

# 참치캔과 와이어를 이용한 촛대

작은 참치캔이 멋진 촛대로 변신했다. 와이어 중간 중간 비즈 장식을 넣어 조명 효과를 살려주면 더욱 사랑스러운 분위기를 연출할 수 있다. 크기가 작은 만큼, 두세 개 세트로 만들어 나란히 놓아두면 좋다.

와이어 공예

미리 준비해 주세요!

빈 참치캔, 은색 와이어(1.2mm), 리본 테이프, 글루건, 비즈, 은구슬

아크릴물감, 붓

비즈를 넣을 땐
균일하게 넣지 않는
게 더 멋스러워요.

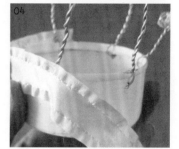

조화로
장식해도
예뻐요.

01. 참치캔에 흰색 아크릴물감을 칠한 뒤 입구 주변에 구멍을 6개 뚫어 준다.

02. 은색 와이어(1.2mm)를 6개의 구멍에 넣고 꼬아 준다.

03. 와이어를 꼬는 중간 중간에 비즈를 넣어 장식한다.

04. 참치캔과 와이어의 연결 부분에 리본 테이프를 두른다.

05. 은구슬로 멋을 내준다.

# 자투리 진과 나뭇가지로 만든 액자

아주 특별해 보이는 청바지 액자지만 만드는 방법은 정말 간단하다. 뚝
딱 뚝딱 두들기고 붙이면 어느새 액자 하나 뚝딱, 작품 하나 뚝딱이다.
배경 천은 진이 아니라도 좋다. 나만의 아이디어를 도입해 다양한 작품
을 시도해 보자.

목공예, 스텐실 기법

미리 준비해 주세요!

청바지 천, 각목, 나뭇가지, 글루건, 드
릴, 톱, (합판)

아크릴물감, 붓

01. 각목을 톱으로 잘라 20cm 2개, 25cm 2개를 준비한다.

02. 120방 사포로 거친 부분을 문질러 준다.

03. 합판을 20×25cm 크기로 재단해 1에서 준비한 각목 4개와 나란히 준비한다.

04. 자투리 진을 알맞은 크기로 재단하여 합판에 글루건으로 붙여 준다.

05. 포인트를 넣을 부분에 원하는 글씨를 스텐실한다.

나무에 스텐실 하는 것보다, 여러 번 반복해야 선명하게 보여요.

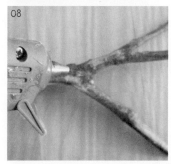

06. 각목 4개를 글루건으로 붙여 액자틀을 만든다.

07. 액자틀에 흰색 아크릴물감을 칠해 준다.

08. 예쁜 모양의 나뭇가지를 골라 액자 중앙에 붙여 준다.

09. 합판 뒤쪽에 구멍을 뚫어 고리를 만들 준비를 한다.

10. 나사못으로 액자틀과 합판을 고정시켜 주고, 굵은 와이어로 S자 모양 고리를 만들어 붙인다.

11. 나뭇가지에 살짝 페인트칠을 해서 마무리해 주면 완성된다.

나뭇잎, 단추,
코르크 마개 등
나만의 아이디어를 살려
색다른 액자를
만들어 보세요!

# 데코파주를 활용한 사인 보드

데코파주는 그림 솜씨가 없는 사람도 프로 같은 멋을 만들어 낼 수 있는 멋진 테크닉이다. 약간의 페인팅과 스텐실을 함께 활용하면 더욱 완성도 높은 작품을 만들 수 있다. 와이어를 이용해 앤티크한 멋을 더하니 자연스러움이 배가되었다.

데코파주, 와이어 공예

미리 준비해 주세요!

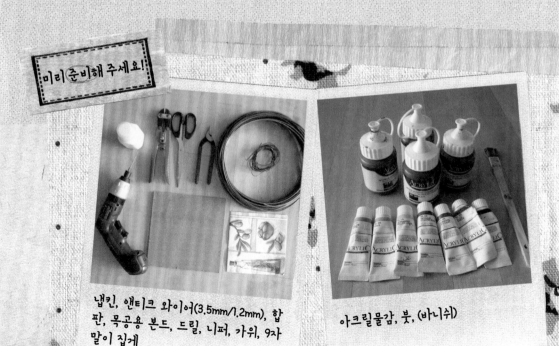

냅킨, 앤티크 와이어(3.5mm/1.2mm), 합판, 목공용 본드, 드릴, 니퍼, 가위, 9자 말이 집게

아크릴물감, 붓, (바니쉬)

01. 합판을 가로 25cm, 세로 20cm 길이로 자른 뒤 흰색 아크릴물감을 칠한다.

02. 냅킨 그림을 오리는데, 그림 주변으로 1cm 가량 여유를 두고 자른다.

03. 목공 본드를 물에 희석해 합판에 얇게 바른 뒤 잘라 둔 냅킨 그림을 붙이고, 그 위에 다시 목공 본드를 덧바른다.

04. 완전히 마른 뒤 흰색 아크릴물감을 발라 그림의 경계선을 감춘다.

05. 포인트가 되는 글씨를 스텐실하고, 걸이용 구멍을 뚫어 둔 뒤 바니쉬를 발라 마감한다.

데코파주 하실 땐 꼭 바니쉬를 발라야 해요.

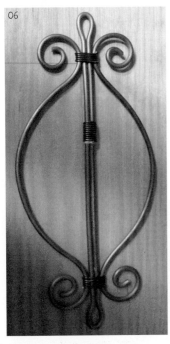

마스킹 테이프로
감아 주면 쉽게
고정할 수
있어요.

06. 앤티크 와이어(3.5mm/1.2mm)를 이용하여 벽에 부착
     할 장식을 만든다.

07. 앤티크 와이어(3.5mm/1.2mm)로 곡선을 잡아 가며 모
     양을 만든다.

08. 앤티크 와이어(3.5mm)를 동그랗게 말아 체인을 만든
     뒤 구멍을 뚫어 놓은 보드에 걸어 준다.

09. 적당한 벽면에 자리를 잡아 설치한다.

# 널빤지와 쇼핑백 끈으로 만든 사인 보드

레터링 기법을 활용하면 그림이나 손글씨에 재주가 없는 사람도 쉽게 만들기에 도전할 수 있다. 자그마한 널빤지로 간단하면서도 멋진 사인 보드를 만들어 보자. 어떤 글씨를 넣느냐에 따라 현관문 입구에 걸어도 좋고, 여기저기 방문에 걸어도 분위기 만점!

**레터링 기법**

**미리 준비해 주세요!**

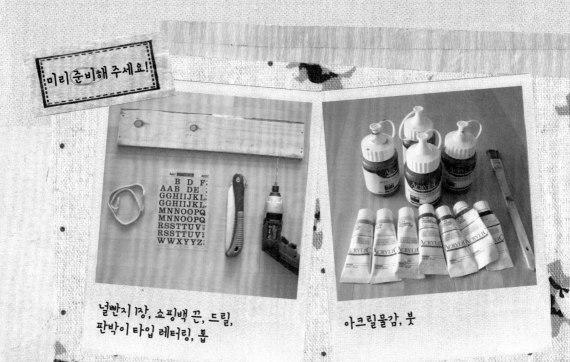

널빤지 1장, 쇼핑백 끈, 드릴,
판박이 타입 레터링, 톱

아크릴물감, 붓

51

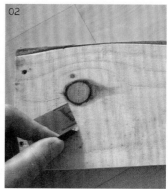

01. 준비한 널빤지를 30cm 길이로 자른다.

02. 220방 사포로 거친 면을 문질러 매끄럽게 만든다.

03. 흰색 아크릴물감을 물에 희석한 후 잘라 놓은 널빤지에 칠해서 잘 말린다.

04. 새겨 넣을 글자를 정한 뒤 레터링을 널빤지에 밀착시키고 끝이 둥근 막대를 이용하여 부드럽게 문지른다.

테이프를
이용하면
쉽게 넣을 수
있어요.

05. 쇼핑백 끈을 집어넣을 수 있도록 널빤지에 좌우 균형
을 맞춰 구멍을 뚫는다.

06. 뒤에서 앞으로 끈을 집어넣는데, 끈의 끝부분을 테이
프로 감아 주면 쉽게 넣을 수 있다.

07. 테이프를 풀어내고 깔끔하게 묶어서 마무리하면 완성!

## 아크릴물감 희석하기

아크릴물감에 물을 섞어 칠하면 스테인 오일 같은 분위기를
낼 수 있다. 널빤지의 나뭇결 모양을 그대로 살려 내추럴한
느낌을 표현하는 데 그만이다.

# 도마와 와이어로 만든
# 유럽풍 사인 보드

부드러운 갈색 톤의 사인 보드를 만들어 거실에 걸면 정말로 유럽의 어느 카페에라도 온 듯한 느낌이 든다. 색깔이나 나뭇결을 그대로 살리고 싶은 널빤지가 있으면 도마 대신 그것을 이용해도 된다. 코팅이 된 나무에는 스텐실이 잘 되지 않으므로 그 점만 주의하면 된다.

스텐실, 와이어 공예

미리 준비해 주세요!

도마, 앤티크 와이어(3.5mm/1.2mm),
드릴, 니퍼, 9자말이 집게

아크릴물감, 붓

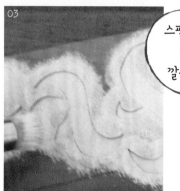

스펀지를 이용해서
찍어 주어도
깔끔하게 나와요.

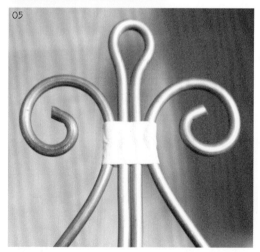

01. 갈색 아크릴물감을 물에 희석해서 도마에 칠하는데,
한 번 칠한 뒤 완전히 마르면 다시 한 번 칠해 준다.

02. OHP 필름에 원하는 글씨를 쓴 뒤 칼로 오려 낸다.

03. 스텐실 붓을 이용하여 위아래로 가볍게 두드려 문양
을 새긴다.

04. 니퍼를 이용하여 앤티크 와이어(3.5mm)를 20cm 가
량 자른 뒤 9자말이 집게를 이용하여 골뱅이 모양으
로 감아 준다. 똑같은 모양으로 2개 준비한다.

05. 마스킹 테이프를 이용하여 와이어를 고정시킨다.

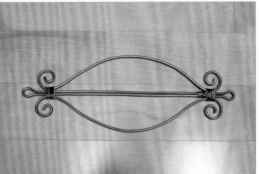

06. 마스킹 테이프 위에 와이어 (1.2mm)를 감아 벽에 거는 지지대 를 완성한다.

07. 와이어(3.5mm)를 20cm 길이로 자른 뒤 양쪽 끝을 골뱅이 모양 으로 둥글려 지지대와 연결시켜 준다.

08. 굵은 볼펜에 와이어를 감은 뒤 니 퍼로 잘라 체인을 만든다.

09. 도마 윗부분에 2개의 구멍을 낸 뒤 체인을 연결하여 걸어 준다.

# 실제 나뭇가지를 활용한 장식용 나무

거실 한쪽에 큼지막한 나무 한 그루 세워두면 인테리어 효과는 그만이지만 실내에서 큰 나무를 키우는 데는 어려움이 많다. 이럴 때는 장식용 나무를 만들어서 운치를 즐기면 아주 좋다. 사실감을 잘 살려주면 실제 나무와 별 차이 없이 멋을 낼 수 있다.

미리 준비해 주세요!

인조 나뭇잎, 글루건, (나뭇가지, MDF 판자, 망치, 못, 드릴)

01. 메인 기둥이 될 굵은 가지에 드릴로 구멍을 낸다. 이 때 구멍은 위에서 아래를 향해 뚫어야 하며, 완성된 모양을 상상하며 위치를 조정해야 나중에 사실감을 살릴 수 있다.

02. 구멍에 잔가지를 끼워 넣는다.

03. 연결 부위에 못을 박아 잔가지가 흔들리지 않도록 고정한다.

04. 나무 기둥 바닥에 드릴로 구멍을 2개 뚫어준다.

05. 가로, 세로 30cm 크기로 재단한 MDF 판자 중앙에도 구멍을 뚫는다.

06. MDF 판자에 나무를 대고 못으로 고정시킨다.

07. 나무를 똑바로 세워보아 균형을 점검한다.

08. 인조 나뭇잎에 글루건을 발라 나뭇가지에 고정한다.

09. 전체적인 조화를 살펴가며 골고루 잘 붙여준다.

10. MDF 판자 위에 인조잔디를 깔아주면 완성된다.

# 스텐실로 장식한 행잉 나무집게

집안에 굴러다니는 나무집게들을 모아 장식을 해주면 남다른 소품으로 활용할 수 있다. 컬러풀한 색칠과 스텐실로 멋을 내면 그냥 사용하는 것과는 전혀 다른 즐거움을 느낄 수 있다. 끈을 묶어 나뭇가지 등에 늘어뜨리고 사진을 장식하면 효과만점.

핸드 페인팅

미리 준비해 주세요!

나무집게, 자투리 나무

마끈, (아크릴물감, 글루건, 톱)

01

02

01. 자투리 나무를 가로 2cm, 세로
4cm로 재단하여 빨간색 아크릴
물감으로 색을 입혀준다.

02. 꽃 모양으로 스텐실을 하여 포인
트를 준다.

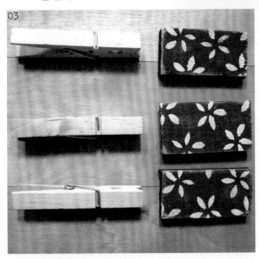
03

04

03. 스텐실을 한 나무 조각을 집게 수만큼 준비해 나무집
게에 글루건으로 붙여준다.

04. 마끈을 달아주면 완성된다.

색깔이나 문양을 조금
씩 다르게 만들어도
재미있어요.

# 석쇠와 자투리 나무를 이용한 신문꽂이

- - - - - - -

식당에서 흔히 볼 수 있는 석쇠를 이용한 생활 소품. 색깔과 모양이 깔끔해서 리빙 소품을 만들 때 활용하면 효과 만점이다. 아주 작은 페인팅 장식을 더하는 것만으로도 완전히 다른 분위기를 연출해 주니 정말 고마운 리폼 소재.

핸드 페인팅

미리 준비해 주세요!

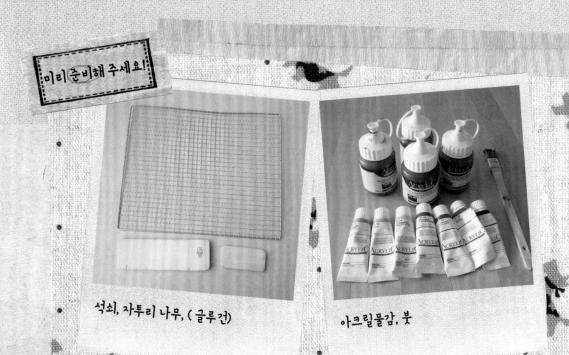

석쇠, 자투리 나무, ( 글루건 )

아크릴물감, 붓

L e t ' s   G o   R e f o r m !

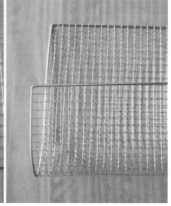

너무 세게 구부리면
부러질 수 있으니
주의!

01. 석쇠를 3분의 1가량 앞으로 구부
려 준다. 이때 힘을 너무 많이 주
면 자연스러운 곡선이 만들어지
지 않으므로 힘 조절에 주의한다.

02. 나무판에 흰색 아크릴물감을 칠
한 뒤 원하는 글씨를 스텐실하여
포인트를 준다.

03. 가장자리 부분을 스텐실 붓으로
가볍게 터치해 보다 자연스러운
느낌을 표현한다.

66

04. 나무판을 붙일 위치를 정한 뒤 글루건을 이용하여 부착한다.

05. 적당한 위치에 걸기만 하면 완성!

습기가 많은
욕실에도
안성맞춤!

## 글루건 효과적으로 사용하기

글루건은 뜨겁게 달군 뒤 글루 스틱이 물처럼 흘러내릴 때
사용하면 접착력이 더욱 강해진다.

# 달걀껍질과 앤티크 와이어로
# 만든 달걀양초

양초 공예는 일단 시도해 보면 생각보다 간단하고 재미있다. 특히 달걀
껍질처럼 생활 속에서 흔히 접하는 재료를 몰드로 사용하면 손쉽게 독특
한 작품을 만들 수 있다. 아이디어에 따라 얼마든지 다양한 작품을 만들
수 있기 때문에 아이들과 함께 해도 좋다.

와이어 공예,  양초 공예

미리 준비해 주세요!

앤티크 와이어 3.5mm, 달걀껍질, 니퍼,
9자말이 집게, (조각 양초, 냄비)

01

02

03

04

05

01. 긴 통에 앤티크 와이어를 12번 정도를 감아준다.

02. 감아준 앤티크 와이어를 빼낸다.

03. 와이어의 중간 부분을 벌려 손으로 조여준다.

04. 양쪽 가장자리 부분을 달걀이 들어갈 만한 크기로 넓혀준다.

05. 9자말이 집게를 이용하여 양쪽 끝을 골뱅이 모양으로 마무리한다.

06. 조각 양초를 냄비에 넣고 약한 불에서 녹인다. 크레파스를 가늘게 갈아 넣고 저어주면 색깔을 낼 수 있다.

07. 달걀껍질에 양초 녹인 물을 조심스레 붓는다.

08. 심지를 가운데 넣고 나무젓가락으로 고정하여 굳힌다.

09. 비즈로 받침대를 장식한다.

10. 달걀껍질 양초를 올려서 사용하면 된다.

WELCOME
SWEET
HOME

# 서랍을 재활용해서 만든 인터폰박스

인터폰은 아무래도 벽면의 전체적인 분위기를 해친다. 특히 오래되어 색이 변하기라도 하면 아무리 닦아도 깨끗한 모습을 되살리기 어렵다. 이럴 때는 산뜻한 느낌의 커버를 만들어 씌우면 좋다. 적당한 크기의 서랍이나 튼튼한 상자를 활용하면 손쉽게 만들 수 있다.

핸드 페인팅

미리 준비해 주세요!

서랍

도마

은색 와이어 3.5mm, 1.2mm, (경첩)

흰색 페인트, 아크릴물감, 붓 (바니쉬, 사포, 니퍼, 9자말이 집게, 톱, 나사못), 페인트, 붓

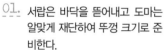

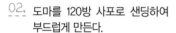

01. 서랍은 바닥을 뜯어내고 도마는 알맞게 재단하여 뚜껑 크기로 준비한다.

02. 도마를 120방 사포로 샌딩하여 부드럽게 만든다.

03. 뚜껑이 되는 도마는 빨간색 아크릴물감으로 칠한다.

04. 뚜껑에 글자를 스텐실하여 포인트를 넣어 준다.

05. 서랍은 흰색 페인트로 칠해 색깔 조화를 맞춘다.

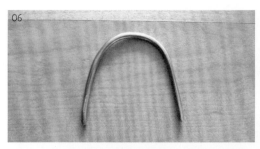

06. 은색 와이어 3.5mm를 10cm가량 니퍼로 재단한다.

07. 가장자리 부분은 9자말이 집게로 골뱅이 모양으로 마무리한다.

08. 은색 와이어 1.2mm를 감아서 손잡이를 완성한다.

09. 경첩과 나사못 등을 준비한다.

10. 뚜껑 아랫부분에 손잡이를 고정한다.

11. 뚜껑 위쪽에는 경첩을 달아준다.

12. 서랍 틀에 경첩을 고정하면 완성된다.

WELCOME
SWEET
HOME

# 서랍을 이어 만든 미니 장식장

버려지는 장롱이나 화장대 등 서랍을 구할 수 있는 곳은 많다. 이런 서랍들을 활용하면 미니 장식장은 손쉽게 만들 수 있다. 나무 조각으로 지붕까지 만들어 주니 제법 유럽 스타일의 장식장이 완성되었다.

핸드 페인팅

미리 준비해 주세요!

재활용 목재, 패브릭 약간, 지점토, 드릴, 망치, 가위, 톱, 풀

서랍 2개

페인트, 아크릴물감, 붓

지붕을 붙일 부분
양쪽 모서리를
사선으로
잘라 주세요.

01. 못질을 해서 서랍 두 개를 이어 붙인 후 서랍부분에 먼저 수성페인트를 1회 칠해준다.

02. 나무판을 재단해 정사각형 5조각으로 잘라 지붕을 만들어 붙인 뒤 전체적으로 흰색 수성페인트를 2~3회 칠한다.

03. 칫솔을 이용하여 갈색 아크릴물감으로 자연스럽게 터치해 컨트리한 느낌을 낸다.

04. 장식장 안쪽에 패브릭을 붙여 깔끔함을 더한다.

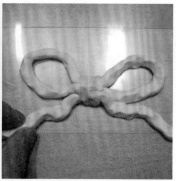

손가락으로
울퉁불퉁 모양을
잡아 주세요.

05. 지점토로 장식용 리본을 만든다.

06. 리본에 금색 아크릴물감을 칠한 뒤 마르면 글루건을
    이용하여 장식장 지붕 부분에 붙여 준다.

07. 지붕에 스텐실로 살짝 장식을 넣어 주면 서랍으로 만
    든 미니 장식장이 완성된다.

# 뚜껑이 있는 사각 캔으로 만든 스탠딩 클락

흔히들 시계는 액자 형태로 만들어 벽에 걸지만, 고정관념을 벗어나면 훨씬 다양한 소품으로 활용할 수 있다. 특히 양감이 있는 캔 뚜껑으로 시계를 만들면 선반 위에 두고 사용할 수 있어 훨씬 실용적이다.

시트지 공예

미리 준비해 주세요!

사각 캔, 시계 부속품, 드릴, (시트지, 가위)

01. 캔 뚜껑 중앙에 드릴로 구멍을 뚫는다.

02. 흰색 시트지를 캔 뚜껑 크기에 맞춰 붙인다.

03. 몸통 부분에도 흰색 시트지를 붙여준다.

04. 뚜껑 중앙에 꽃무늬 시트지를 오려 붙여 포인트를 살려준다.

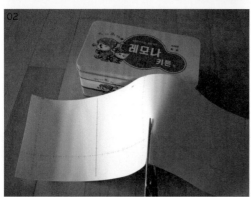

05. 검정 시트지로 숫자를 오려 시계 자판을 준비한다.

06. 적당한 위치에 숫자를 붙인다.

07. 캔 뚜껑에 뚫어 시계 부속품을 설치한다.

08. 캔 몸통에 뚜껑을 덮으면 스탠딩 형태의 시계가 완성
된다.

# 낡은 밥상과 타일로 만든 거실용 티 테이블

낡아서 못 쓰게 된 밥상이나 식탁 상판을 멋진 거실 티 테이블로 재탄생시켜 보자. 특히 타일을 이용하면 전혀 다른 멋을 내는 작품으로 변신한다. 바니쉬를 바르면 일상적으로 사용하는 데도 아무런 문제가 없어 나만의 애장품이 될 것이다.

**핸드 페인팅, 타일 공예**

**미리 준비해 주세요!**

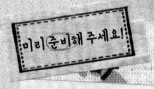

**식탁 상판**

**타일 본드, 백시멘트, 타일, 널빤지, (드릴, 망치, 톱)**

**아크릴물감, 페인트, 붓**

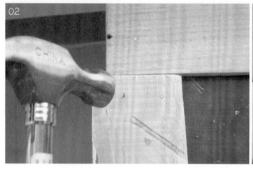

01. 식탁 상판 양쪽을 5cm 가량 재단해 잘라 낸다.

02. 상판 가장자리에 널빤지를 잘라 붙인다.

03. 타일 본드를 칠한 뒤 타일을 깔고 백시멘트로 줄눈작
업을 해준다.

타일 본드가 완전히
마른 후(하루 정도) 줄
눈작업을 해야
타일 모양이
예쁘게 나와요.

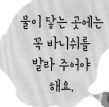

물이 닿는 곳에는
꼭 바니쉬를
발라 주어야
해요.

04. 널빤지를 잘라 붙인 가장자리에
    물에 희석한 아크릴물감을 발라
    준다. 부분적으로 진하게 칠해 가
    면서 자연스러운 멋을 살린다.

05. 한쪽 귀퉁이에 스텐실을 해 포인
    트를 살려 준다.

06. 마감재인 바니쉬를 3번 정도 발
    라 준다.

07. 잘 말려 마무리하면 완성이다.

장식성과
실용성을 겸비한
오일병 세트.

# Kitchen

## 깔끔한 이미지의 주방

주부들이 하루 중 가장 많은 시간을 보내는
주방은 특히 더 신경을 써야 하는 공간이랍니다.
물론 여유 공간이 넉넉지 않은 곳인 만큼
실용적인 소품으로 채워야 하는 건 기본이고요.
주방의 크고 작은 살림살이들을 정리할 수 있는
수납 아이디어를 공개합니다.

컨트리한 이미지의
타일 식탁.
깔끔한 컬러 감각이
기분까지 상쾌하게
만들어 준답니다.

Lesson
14

# 도마로 만든
# 튤립 데코파주 트레이

화사한 튤립 그림에 손잡이까지 완벽한 주방용 트레이다. 냅킨 그
림을 오려서 사용하는 데코파주는 독특한 컬러와 섬세한 디테일까
지 살릴 수 있어 수고에 비해 효과가 큰 기법이다. 트레이 네 귀퉁
이에 다리까지 만들어 붙여 더욱 완성도가 높은 작품.

데코파주, 와이어 공예

미리 준비해
주세요!

도마, 은색 와이어 3.5mm, 냅킨, 니퍼, 9
자 말이 집게, 목공용 본드, (드라이버)

페인트, 붓, (바니쉬)

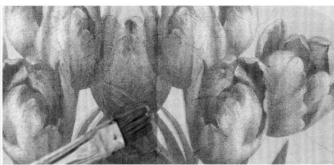

01. 도마에 흰색 수성페인트를 바른 뒤 목
공용 본드를 물에 희석해 중앙 부분에
바르고 냅킨에서 오려 낸 그림을 붙이
고 한 번 더 본드칠을 해준다.

02. 완전히 마른 뒤 흰색 수성페인트로 터
치해 그림의 경계선을 없애 준다. 완전
히 건조되면 바니쉬를 발라 마무리한다.

03. 은색 와이어 3.5mm를 12cm 길이로 잘
라 양끝을 9자말이 집게로 동그랗게 말
아 나사못 구멍을 만들어 준다.

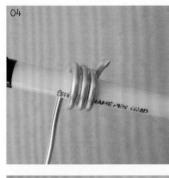

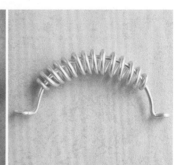

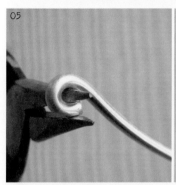
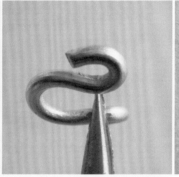

04. 은색 와이어 3.5mm를 볼펜에 돌돌 말아서 빼낸 뒤 손잡이 틀에 끼워 부드럽게 둥글려 도마에 고정한다.

05. 은색 와이어 3.5mm를 6cm 가량 재단하여 9자말이 집게를 이용하여 물결 모양으로 구부려 다리를 만들어 나사못으로 도마 아래쪽에 고정한다.

06. 사방의 균형만 잘 맞으면 완성이다. 스텐실로 귀퉁이를 장식하는 것도 아이디어!

손잡이를 잘
고정해 주셔야
해요.

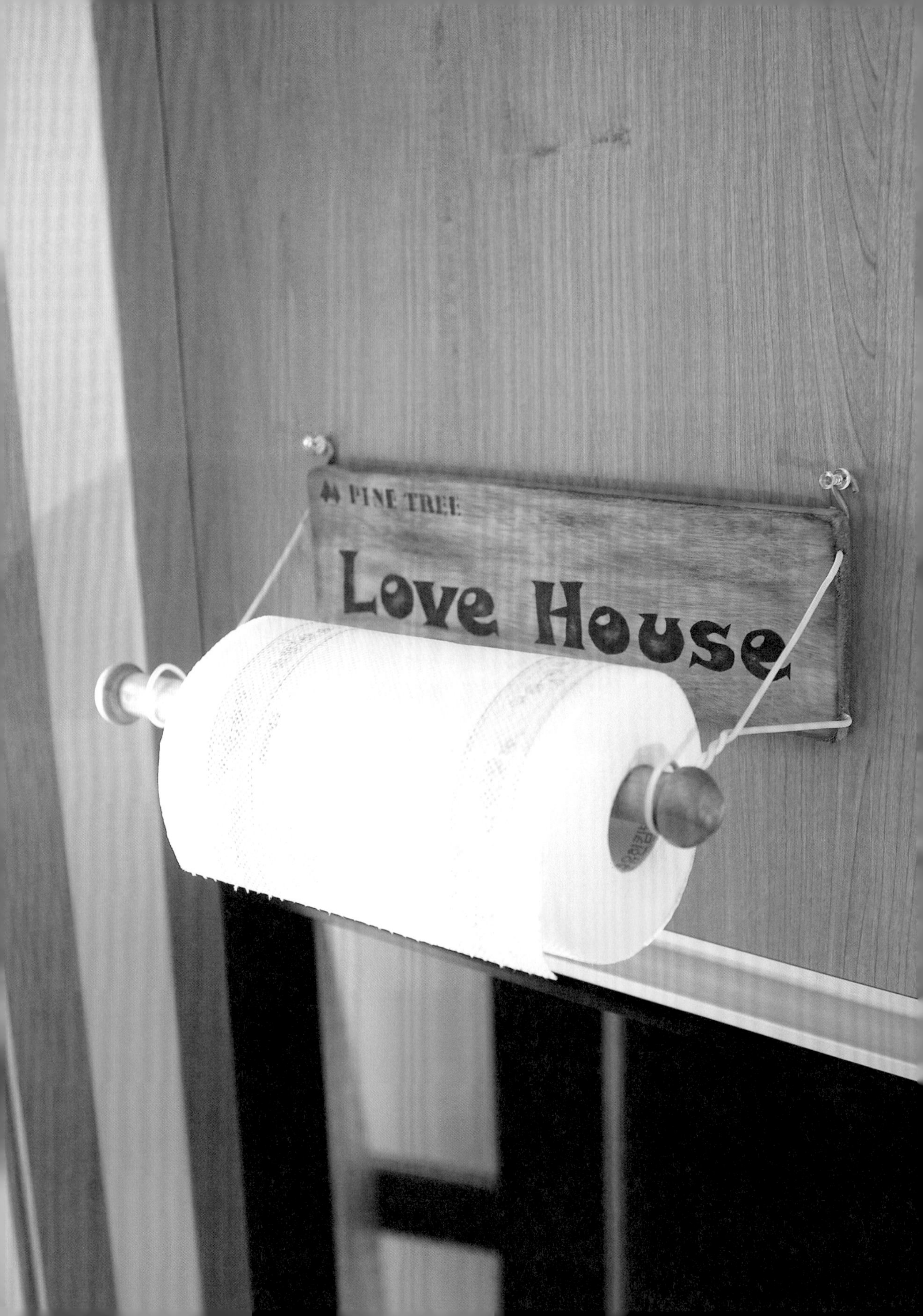
PINE TREE
Love House

# 도마와 세탁소 옷걸이로 만든 키친 랙

낡은 도마나 나무판을 이용해 키친 랙을 만들면 행주나 수건을 걸어도 좋고 키친타월을 걸어 두고 사용해도 좋다. 컬러나 스텐실 문양을 선택하는 센스에 따라 분위기도 완전히 달라진다. 세탁소 옷걸이에 맞춰 흰색으로 만들어도 깔끔하고 좋을 듯하다.

스텐실, 와이어 공예

미리 준비해 주세요!

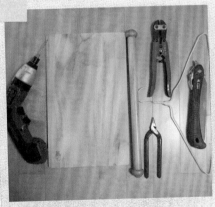

도마, 세탁소 옷걸이, 랩걸이 봉, 드릴, 니퍼, 9자말이 집게, 톱, (바니쉬)

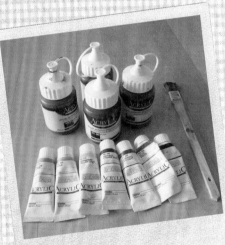

아크릴물감, 붓

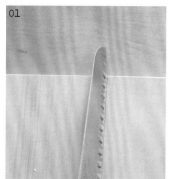

01

02

03

01. 톱을 이용해 도마를 반으로 잘라
낸다.

02. 황토색 아크릴물감을 물에 희석
하여 2번 정도 발라 준다. 물감
은 한 번 바른 뒤 완전히 마르면
다시 발라야 제 색이 난다. 또 마
른 뒤에 군데군데 갈색으로 터치
를 해 멋을 살리는 것도 노하우.

03. 포인트가 되는 그림이나 글씨를
스텐실한 뒤 붓을 이용하여 깔끔
하게 마무리한다.

04. 세탁소 옷걸이를 니퍼로 재단하여 랩걸이 봉에 2번 정도 감은 뒤 꼬아서 고정시킨다.

05. 드릴로 지지대에 구멍을 내서 와이어를 고정한다.

06. 걸 고리를 만들어 붙이고 바니쉬를 발라 마감을 해주면 새로운 느낌의 키친 랙이 완성된다.

# 퍼즐 보드와 타일로 만든
# 키친 트레이

오래 전에 사용하던 게임판을 재활용한 쟁반. 서점이나 화방에서
얻어 오는 간이 손잡이를 이용하면 간단하게 손잡이까지 만들어
붙일 수 있다. 타일 사이사이를 메우는 백시멘트에도 색을 섞어 줄
눈작업을 해주면 타일 작업이 한결 섬세하게 느껴진다.

핸드 페인팅, 타일 공예

미리 준비해
주세요!

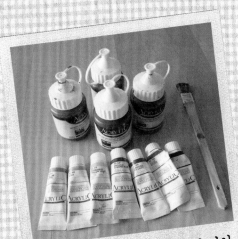

아크릴물감, 붓, (퍼즐 보드, 타일, 타일
용 본드, 백시멘트, 망치, 드라이버, 손
잡이, 바니쉬)

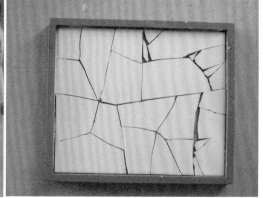

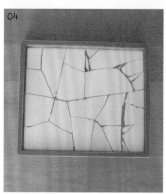

01. 블루, 블랙, 화이트 아크릴물감을 섞어 퍼즐 보드와 가장자리 부분을 칠해 준다.

02. 수건이나 두꺼운 종이 위에 타일을 놓고 망치로 살짝 두들겨 깬다.

03. 퍼즐 보드에 타일 본드를 바르고 살짝 간격을 두며 타일 조각을 깔아 준다.

04. 퍼즐 보드에 칠했던 아크릴물감을 백시멘트에 섞어 줄눈작업을 한다.

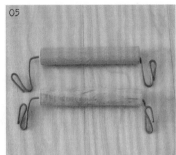

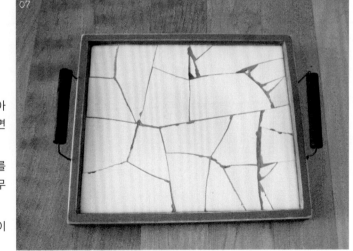

05. 손잡이 부분의 나무는 브라운 아
    크릴물감으로 칠하고 다 마르면
    보드 옆면에 나사로 고정한다.

06. 포인트가 되는 그림이나 글씨를
    스텐실한 뒤 바니쉬를 발라 마무
    리한다.

07. 잘 마리면 깔끔한 주방용 트레이
    가 완성된다.

# 나무상자와 와이어로 만든
# 커피병 보관함

군이 값비싼 세트를 구비하지 않아도 된다. 조금만 손을 쓰면 커피
향처럼 은은하고 진한 멋을 간직한 보관함을 만들 수 있으니까……
보관함 크기는 안에 넣을 병의 크기에 맞춰 조절하면 된다.

목공예, 스텐실 기법

미리 준비해
주세요!

나무상자, 은색 와이어 3.5mm, 망치,
톱, 니퍼, 9자말이 집게, (드라이버)

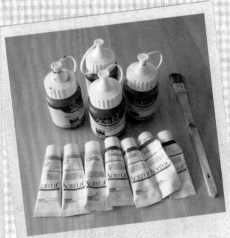

아크릴물감, 붓, (사포)

01. 나무상자를 직사각으로 재단한 뒤 못으로 고정하여 보관함 틀을 만든다. 표면은 120방 사포로 가볍게 샌딩해 거친 느낌을 손질한다.

02. 브라운 아크릴물감을 물에 희석하여 3번 정도 발라준다. 물감은 먼저 바른 물감이 완전히 마르면 다시 바르기를 반복한다.

03. 포인트가 되는 그림이나 글씨를 스텐실한다.

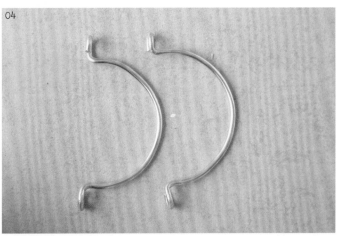

04. 3.5mm 은색 와이어를 12cm 길이로 잘라 9자말이 집게로 끝부분을 동그랗게 말아 못 구멍을 만든다.

05. 보관함 틀에 손잡이를 고정하면 완성된다.

# 맥주병과 나무상자로 만든 오일병 세트

커피병 보관함과 같은 방법으로 만든 오일병 세트. 투명한 맥주병들을 모아 두었다가 예쁘게 장식해서 오일병으로 활용하면 멋도 살리고 경제성도 높일 수 있다. 유리병 장식은 똑같이 해도 통일감이 있어 깔끔하고, 각각 다른 디자인으로 해도 변화감이 있어 재미있다.

핸드 페인팅 글라스 데코

미리 준비해 주세요!

오일병 - 투명한 맥주병, 글라스 데코, 지끈, 코르크 마개, 글루건
선반 - 나무상자, 앤티크 와이어 3.5mm, 망치, 니퍼, 9자말이 집게, 톱

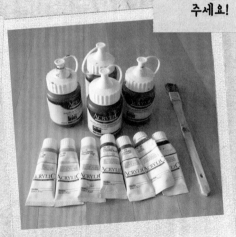

아크릴물감, 붓, (사포)

01. 맥주병을 깨끗이 씻어 말린 뒤 지끈을 이용해 장식을 해준다.

02. 글라스 데코를 이용해 병 표면을 꾸며 준다.

03. 코르크 마개를 끼워 맥주병을 오일병으로 변신시킨다.

04. 상자를 분해, 재단하여 보관함 틀을 만든 뒤 120방 사포로 샌딩하여 거친 부분을 깔끔하게 다듬어 준다.

05. 갈색 아크릴물감을 물에 희석하여 색을 입히는데, 다 마르면 180방 사포로 샌딩하여 부드러운 느낌을 살려준다.

06. 스텐실 기법을 활용해 포인트가 되는 그림이나 글씨를 새긴다.

07. 3.5mm 앤티크 와이어를 12cm 길이로 잘라 끝에 고리를 만들어 나사못으로 고정하여 손잡이를 만든다.

08. 완성된 보관함에 오일병을 넣어 두고 사용하면 아주 편리하다.

## 글라스 데코 사용법

글라스 데코는 어린이들 미술 수업에서 자주 사용되는 재료로, 액체로 되어 있으나 마르면 고체로 변하기 때문에 유리에 그림을 그리기에 아주 좋다. 유리창, 거울, 타일 등에 주로 사용되며 검정색으로 먼저 테두리를 그린 뒤 안을 메우듯이 색을 입혀 주면 훌륭한 데코레이션이 된다.

Lesson
18

# 나무상자로 만든
## 커피믹스 보관함

멋진 목재 주택 한 채 지어 식탁이나 싱크대 한쪽에 올려 두면 분위
기 그만일 듯. 스틱형 커피믹스를 넣어서 보관하면 딱 좋은 보관함
이다. 아래쪽에서 하나씩 꺼내 먹으면 편리할뿐더러 멋과 낭만까
지 살릴 수 있어 커피브레이크가 더욱 즐거워진다.

**목공예, 스텐실 기법**

**미리 준비해
주세요!**

나무상자, 가죽벨트, 톱, 망치

페인트, 아크릴물감, 붓, (사포)

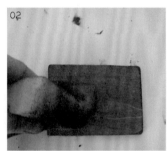

사과상자를
이용하면
훨씬 쉽답니다.

01. 상자를 분해하여 톱으로 재단한
뒤 못으로 고정하여 틀을 만든
다. 120방, 180방 사포로 샌딩하
여 거친 느낌을 없애 준다.

02. 기본 틀에는 흰색 수성페인트칠
을 하고, 지붕으로 사용할 나무
판에는 갈색과 와인색 아크릴물
감을 입혀 적당한 위치에 붙여
준다.

03. 뚜껑 부분에는 경첩 대신 가죽벨트 조각을 붙여 부드럽게 열었다 닫았다 할 수 있게 만든다.

04. 포인트가 되는 그림이나 글씨를 스텐실하고, 가장자리 부분은 붓으로 색깔을 넣어 컨트리한 느낌을 살려준다.

05. 잘 말려서 마무리만 하면 커피믹스 보관함 완성!

# 나무상자로 만든
# 녹차 티백 보관함

커피믹스 보관함을 응용해서 만든 티백 보관함. 커피믹스 보관함보다 작아서 벽에 걸어 두고 사용해도 부담이 없다. 특히 손잡이와 경첩을 가죽 끈으로 만들어 붙여 더욱 고급스러운 느낌이 날 뿐만 아니라 실제로 사용할 때도 부드러운 질감을 느낄 수 있다.

목공예, 스텐실 기법

미리 준비해 주세요!

나무상자, 자투리 가죽, 망치, 톱, 가위, (드라이버)

아크릴물감, 페인트, 붓, (사포)

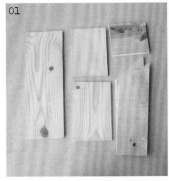
01

01. 상자를 분해, 재단하여 못으로 고정하여 기본 틀을 만든다. 120방, 180방 사포로 샌딩하여 거친 느낌을 없애 준다.

02. 몸체는 흰색 수성페인트로 칠해 주고, 뚜껑 부분은 올리브 그린 아크릴물감을 물에 희석하여 2번 정도 칠해 준다.

03. 포인트가 되는 그림이나 글자를 스텐실해 준 뒤 자연스러운 느낌이 살아나도록 군데군데 붓으로 터치를 해준다.

04. 경첩과 손잡이는 자투리 가죽을 재단하여 나사못으로 고정한다.

05. 벽에 걸고 녹차 티백을 담아 두고 사용한다.

02

03

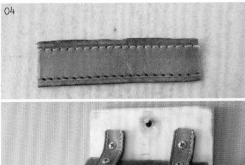
04

05

# 시트지로 장식한
# 우유팩 차 보관함

우유팩은 활용도가 매우 높은 재활용 아이템이다. 표면이 매끄럽고 방수도 잘
되는 데다 생활 속에서 흔히 접할 수 있어서 리폼 초보자들도 쉽게 시도해볼
수 있다. 특히 크기가 아담해서 티백처럼 가벼운 물건들을 수납하기에는 안성
맞춤이다.

시트지 공예

미리 준비해
주세요!

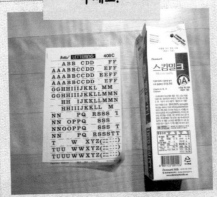

우유팩, 판박이 타입 레터링,
(시트지, 가위)

01

02

01. 깨끗이 씻어 말린 우유팩을 손질
해 보관함의 모양을 잡는다.

02. 전체적으로 흰색 시트지를 붙여
준다.

03. 레터링을 이용하여 적당한 위치
에 타이포 장식을 넣어준다.

04. 꽃무늬 모양의 시트지를 오려
붙여주면 완성된다.

03

04

# 서랍과 주스병으로 만든
# 곡물 보관함

작은 물건들을 보기 좋게 보관하기에 아주 좋은 방법이다. 곡물은
물론, 작은 단추나 못, 잃어버리기 쉬운 머리핀 같은 것들을 담아
서 수납해도 그만이다. 요즘은 주스병들이 워낙 예쁘게 나오므로
나름대로 콘셉트를 정해서 디자인을 하면 좋을 듯하다.

핸드 페인팅

미리 준비해
주세요!

서랍, (각목)

주스병 6개

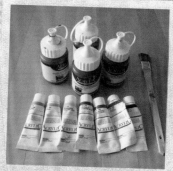

아크릴물감, 붓, (사포, 드릴,
바니쉬)

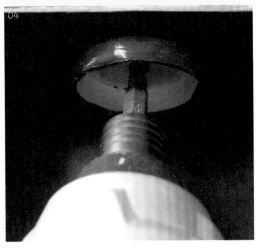

01. 각목을 서랍 폭 크기로 재단하여 가운데 부분에 고정하고, 올리브 그린과 블랙 물감을 섞어 색을 칠해 준다. 물은 조금만 넣는 것이 요령.

02. 물감이 완전히 건조되면 180방 사포로 가볍게 문질러 컨트리한 느낌을 살려 준다.

03. 주스병 뚜껑도 같은 색으로 꼼꼼하게 칠해 준다.

04. 드릴을 이용해 뚜껑에 구멍을 뚫은 뒤 나사못으로 선반에 일정한 간격으로 고정시킨다.

05

06

05. 주스병과 선반에 그림이나 글씨
를 스텐실하고 바니쉬로 마무리
를 해준다.

06. 주스병에 곡물을 담아 뚜껑에 돌
려 끼우기만 하면 편리하게 사용
할 수 있다.

# 랩걸이를 잘라 만든
# 앤티크 행주걸이

한동안 유행처럼 구비했던 랩걸이. 막상 사용해 보면 보기보다 불
편해서 안 쓰고 처박아 둔 집이 적지 않을 것이다. 랩걸이와 포일
걸이 부분을 과감히 잘라 내고 키친타월걸이 부분만 재활용해서
멋진 행주걸이로 변신시켰다. 훨씬 아담하고 깔끔한 느낌이다.

핸드 페인팅

미리 준비해
주세요!

랩걸이, (합판, 재활용 벨트, 톱)

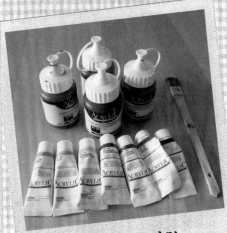

아크릴물감, 붓, (바니쉬, 사포)

# Let's Go Reform!

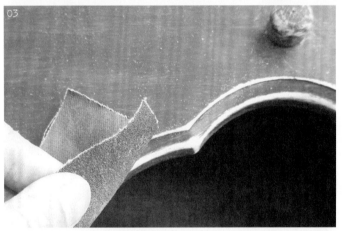

01. 랩걸이의 가운데 부분을 톱으로
잘라 필요한 부분만 손질한다.
180방 사포로 가볍게 샌딩해 주
면 색감을 더욱 매끄럽게 살릴
수 있다.

02. 올리브 그린과 블랙 아크릴물감
을 섞어 색을 입히는데, 물을 사
용하지 않는 편이 효과적이다.

03. 물감이 완전히 마르면 180방 사
포로 샌딩해 오래된 듯한 느낌을
연출한다.

04. 스텐실로 포인트를 준 뒤 바니쉬
를 발라 마무리한다.

05. 낡은 경첩을 제거하고 재활용 벨트로 뚜껑을 달아 준다.

06. 오래된 랩걸이가 심플하고 귀여운 느낌의 행주걸이로 다시 태어났다.

서랍은
티박스로 활용해도
좋아요.

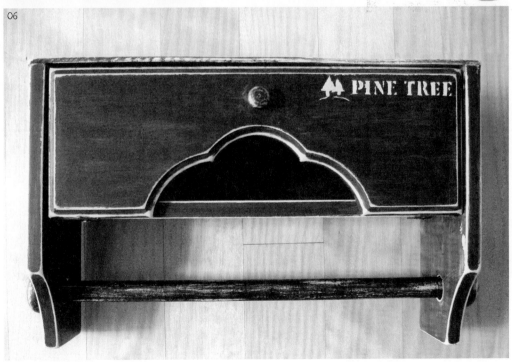

# 빨래판으로 만든
# 영수증 정리함

지저분해진 나무 빨래판도 잘 다듬어서 색칠하고 모양을 잡으면
멋진 소품으로 변신시킬 수 있다. 한쪽에 구멍도 나 있으니 벽걸이
로 만들기에는 그만. 작은 정리함 두 개를 만들어 붙이면 영수증이
나 편지 등을 정리하는 데 그만이다.

핸드 페인팅, 스텐실 기법

미리 준비해
주세요!

빨래판, 나무판, (목공용 본드, 톱, 망치,
글루건)

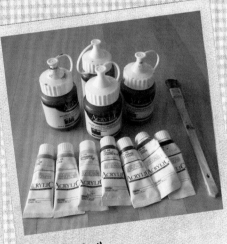

아크릴물감, 붓

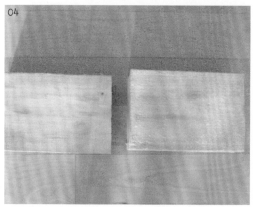

01. 빨래판은 120방 사포로 샌딩해 지저분한 부분을 매끄럽게 만든다.

02. 블루, 블랙, 화이트 아크릴물감을 적절히 섞어 빨래판에 색을 입혀 준다.

03. 나무판을 재단하여 정리함 틀을 만들어 빨래판에 고정한다.

04. 블루, 화이트 아크릴물감을 섞어 정리함에 색을 칠해 준다.

05. 스텐실로 포인트가 되는 그림이나 글자를 새긴다.

06. 적당한 간격을 두고 정리함 두 개를 붙여 완성한다.

# 나무상자와
# 세탁소 옷걸이로 만든 달걀상자

많은 양의 달걀을 한꺼번에 깔끔하고 안전하게 보관하려면 달걀상자를 이
용하는 것이 좋다. 사온 달걀판에 그대로 두는 것보다 멋도 있고 낭만도
있어 요리가 즐거워지는 것을 경험할 수 있을 것이다. 스텐실로 달걀 문양
을 새겨 넣으면 더욱 재미나다.

**스텐실 기법, 와이어 공예**

**미리 준비해 주세요!**

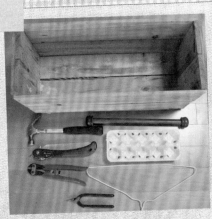

나무상자, 세탁소 옷걸이, 랩걸이 봉,
달걀판, 니퍼, 9자말이 집게, 망치, 톱,
(드라이버)

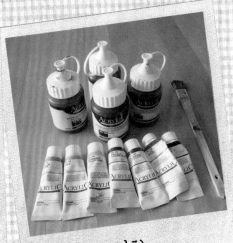

아크릴물감, 붓, (사포)

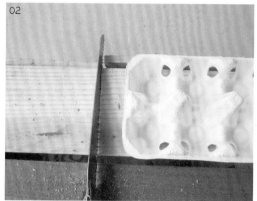

01. 망치를 이용해 상자를 분해한다.

02. 달걀판 크기에 맞춰 재단한 뒤 120방과 180방 사포로 거친 부분들을 샌딩
하여 부드럽게 만들어 기본 틀을 만든다.

03. 갈색 아크릴물감을 물에 희석하여 3번 정도 색을 입혀 준다.

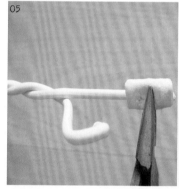

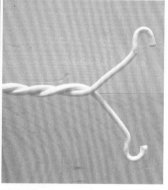

04. 세탁소 옷걸이를 니퍼로 재단한 뒤 봉에 2번 감고 꼬아 내려 단단하게 고
정시킨다.

05. 와이어 끝부분을 동그랗게 말아 못 구멍을 만든다.

06

07

08

06. 와이어를 보관함 측면에 고정시킨다.

07. 스텐실로 디자인에 포인트를 준다.

08. 보관함 안에 달걀판을 넣어서 사용하면 더욱 안전하다.

# 옷걸이 깔끔하게 구부리기

세탁소 옷걸이를 구부릴 때 쉽게 구부러지지 않아 몇 번 움직이다 보면 보기 싫은 자국이 남게 된다. 집게가 닿는 부위에 미리 천이나 화장지를 감고 작업하면 자국이 남지 않아 깔끔하다.

# 서랍 두 개로 만든
# 미니 2단 그릇장
- - - - - - - - -

거실편에서 만들어 본 미니 장식장과 같은 콘셉트의 그릇장이다.
안쪽에 붙이는 패브릭은 진하고 심플한 무늬를 선택해야 그릇이
돋보인다. 주방에 어울리는 무늬는 뭐니 뭐니 해도 체크무늬. 검정
이나 감색 계통을 사용하면 멋스러우면서도 실용적이다.

핸드 페인팅, 와이어 공예

미리준비해
주세요!

서랍 2개

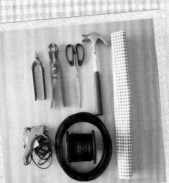

검정 와이어 3.5mm와 1.2mm, 시트지,
망치, 가위, 니퍼, 9자말이 집게,
글루건, (접시꽂이, 사포)

페인트, 붓

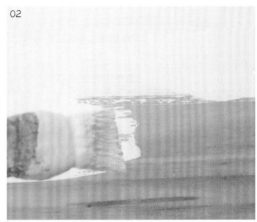

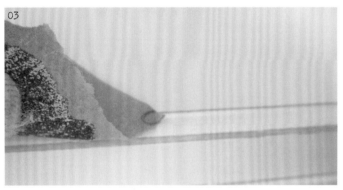

01. 서랍 2개를 연결해 못으로 고정시킨다.

02. 흰색 수성페인트를 칠해 깔끔하게 마무리한다.

03. 페인트가 완전히 마르면 180방 사포로 샌딩하여 컨트리한 느낌을 살려 준 뒤 바니쉬를 발라 마무리한다.

04. 서랍 안쪽에 체크무늬 시트지를 붙여 준다.

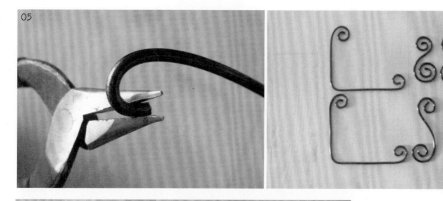

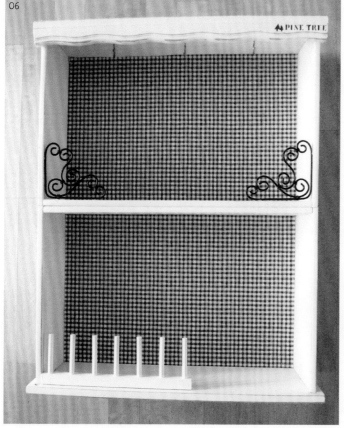

05. 3.5mm와 1.2mm 검정 와이어를
이용하여 모서리 장식을 만들어
글루건으로 붙여 준다.

06. 아래쪽에는 접시꽂이를 붙여 활
용도를 높인다.

# 타일로 리폼한
# 컨트리 스타일 식탁

낡거나 싫증난 식탁에 타일을 붙여 완전히 다른 모습으로 변화시
켜 보면 색다른 분위기를 즐길 수 있다. 타일 식탁은 야외에서도
부담 없이 사용할 수 있어 정원이나 베란다에 두고 사용하면 아주
좋다. 하얗고 화사한 모습도 보기 좋지만 비바람을 맞고 조금씩 변
해 가는 모습을 함께하는 것도 색다른 즐거움이 된다.

타일 공예

미리 준비해
주세요!

낡은 식탁

타일, 압착시멘트(타일본드),
백시멘트, 가위, 젯소, 헤라,
(사포, 바니쉬)

페인트, 붓

01. 식탁 다리 부분에 젯소를 바른 뒤 흰색 수성페인트 2번을 발라 준다.

02. 페인트가 완전히 마른 뒤 180방 사포로 샌딩하여 컨트리 이미지를 연출해 준다.

03. 압착시멘트를 물에 개어 식탁 상판과 옆면에 톱니 헤라를 이용하여 펴발라 준다.

04. 압착시멘트가 마르기 전에 타일을 간격 맞춰 붙여 준다.

05. 타일이 압착시멘트에 완전히 붙으면 백시멘트를 물에 개어 줄눈 작업을 한다.

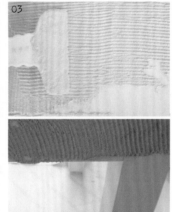

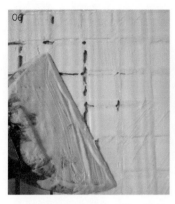

06. 줄눈작업을 할 때는 백시멘트가 사이사이 잘 들어가게 고무 헤라로 고르게 메워 준다.

07. 시멘트가 완전히 마르면 수건으로 타일을 닦아주고 줄눈작업이 고르게 되지 않았거나 균열이 생긴 부분은 손가락을 이용하여 꼼꼼하게 메워 준다.

08. 줄눈작업을 한 백시멘트가 고르지 않고 튀어나온 부분이 있으면 220방 사포를 이용하여 가볍게 샌딩해 준다.

09. 마감재 바니쉬를 발라 마무리한다.

10. 의자까지 같은 색으로 세팅해 주면 완벽하게 마무리된다.

# 고무장갑을 이용한
# 유머러스한 이정표

고무장갑을 이용하면 독특한 느낌의 이정표를 만들 수 있다. 바람
을 집어넣거나 종이로 속심을 만들어 넣으면 손 모양을 살릴 수 있
어 더욱 재미있다. 손가락을 구부려 붙이는 방법에 따라 다양한 모
양을 만들 수 있다.

핸드 페인팅

미리 준비해
주세요!

고무장갑, 신문지, 달력, 리본테이프,
글루건

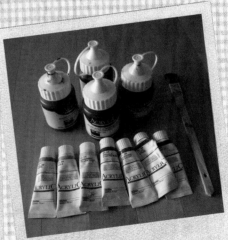

아크릴물감, 붓, (송곳)

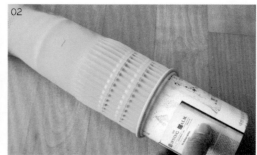

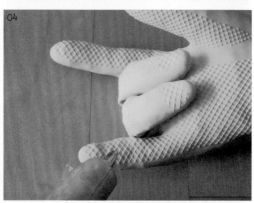

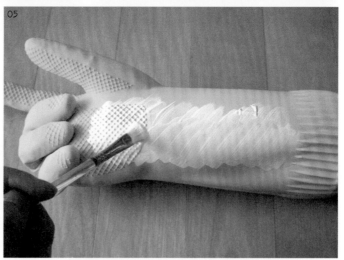

01. 신문지를 돌돌 말아서 고무장갑
    손가락 부분에 넣어준다.

02. 빳빳한 달력을 말아서 손목부분
    에 넣어 볼륨감을 준다.

03. 끝 부분을 리본으로 묶어 마무리
    한다.

04. 엄지와 검지를 제외한 세 손가락
    을 구부려 글루건으로 고정한다.

05. 흰색 아크릴물감으로 손목 부위
    를 칠해준다.

06. 원하는 글자를 스텐실하여 포인
트를 준다.

07. 손목 윗부분에 송곳으로 구멍을
낸다.

08. 구멍에 리본 테이프를 끼워 고
리를 만든다.

09. 균형감 있게 리본을 묶어 완성
한다.

# PART 4

# Balcony

## 발코니 포인트 공간

발코니는 내버려두면 데드 스페이스가
되어 버리거나 아예 창고가 되어 버린답니다.
보기보다 넓은 공간인데, 그냥 화초들만
늘어놓기에도 조금은 아깝다는 생각이 들지 않나요?
이럴 때는 남다른 코지 코너를 꾸며 책도 읽고
남편과 오붓한 시간도 가져 보세요.
사랑이 새록새록 솟아난답니다.

# 시트지로 만든
# 로맨틱 타이포그래피

밋밋한 발코니 창에 타이포나 그림 장식을 해주면 이국적인 감각을 느낄 수 있다. 특히 큼지막한 영문 이니셜은 다른 풍경과 어우러져 절묘한 분위기를 연출해 낸다. 언뜻언뜻 보이는 장식이 낯선 카페에라도 와 있는 듯한 착각을 불러일으키곤 한다.

시트지 공예

미리 준비해 주세요!

흰색 시트지, 이니셜 출력지, 가위,
마스킹 테이프

01

02

03

01. 출력한 이니셜을 마스킹 테이프를 이용해 흰색 시트지 위에 붙인다.

02. 라인을 따라 가위로 재단하는데, 가위질을 한번에 해야 외곽선이 깔끔하게 나온다.

03. 유리창에 비눗물을 살짝 묻힌 뒤 흰색 시트지를 떼어내서 붙여준다.

 plus one 유리창에 직접 대고 아크릴물감으로 스텐실을 하면 비슷한 효과를 낼 수 있다. 유리
창에 스텐실을 할 때는 아크릴물감에 물을 섞지 않은 상태에서 해야 깔끔하다.

## 시트지 붙이는 요령

유리창에 시트지를 붙일 때 비눗물을 발라 주면 여러 번
떼었다 붙였다 해도 접착력이 떨어지지 않아 초보자들도
쉽게 붙일 수 있다.

Garden

SWEET

# 시트지로 장식한
# 발코니 포인트 벽

밋밋한 벽면은 시트지 하나만으로도 얼마든지 달라질 수 있다. 요즘은
도안이 잘 되어 있는 시트지가 나와 있지만 가격이 만만치 않기 때문에
직접 도안을 하고 오려 붙이면 더욱 즐겁게 인테리어를 할 수 있다.

시트지 공예

미리 준비해 주세요!

검정색 시트지 1마, 마스킹 테이프,
(가위, 칼)

01. 종이에 새와 나뭇잎 모양으로 밑그림을 그리고, 원하
는 글자를 프린트해 둔다.

02. 새와 나뭇잎 그림을 오려 시트지 위에 붙인 뒤 가위
와 칼을 이용하여 오려낸다.

03. 글자도 같은 방법으로 오려서 준비한다.

04. 전체적인 조화를 고려하여 새와 나뭇잎의 개수를 조
정한다.

05. 글자의 크기도 전체 도안을 고려하여 조정한다.

06. 나뭇가지도 같은 방법으로 오려 준비한다

07. 벽면에 나뭇가지를 붙인 뒤 나뭇잎과 새를 붙인다.

08. 글자까지 붙여 전체적인 균형감을 잡아주면 멋진 장식벽이 완성된다.

# 자투리 나무토막으로 만든 장식용 소품

작은 나무토막 몇 개만 있어도 재미난 소품을 만들 수 있다. 적당한 크기로 자르고 색칠해서 나란히 늘어놓기만 해도 분위기가 한결 달라진다. 발코니의 티 테이블이나 화분 사이사이에 놓아두면 아기자기한 분위기를 연출할 수 있다.

목공예, 핸드페인팅

미리 준비해 주세요!

자투리나무, 옷걸이, 글루건, 드릴, 니퍼

아크릴물감, 붓, (톱)

01. 나무토막을 세모, 네모 모양으로 재단한다. 지붕과 집채, 받침대의 개수를 맞춰준다.

02. 재단한 세모, 네모 모양의 조각을 붙여 집 모양으로 만든다.

03. 집 모양의 바닥과 받침대 중앙에 각각 구멍을 내준다.

04. 옷걸이를 12cm가량 니퍼로 재단 한다. 길이에 조금씩 변화를 주면 더욱 재미있는 작품이 된다.

05. 소품 개수에 맞춰 4개를 준비하 면 된다.

06. 받침대는 흰색 아크릴 물감으로
칠한다.

07. 집 모양은 올리브그린 아크릴물
감을 조금씩 톤을 달리하여 색칠
한다. 물감이 완전히 마르면 준비
된 옷걸이 와이어를 구멍에 박아
균형을 잡아준다.

08. 받침대에 글자를 스텐실하여 포
인트를 준다.

09. 길이와 색깔로 변화를 주어 더욱
재미있는 소품이 완성되었다.

# 와이어로 만든
# 선플라워 메모홀더

와이어는 아이디어에 따라 얼마든지 다양한 소품을 만들 수 있는 소재다. 특히 작은 메모홀더 같은 아이템은 연습용으로 아주 좋다. 선플라워 메모홀더는 기법도 간단하고 재료도 얼마 들어가지 않기 때문에 초보자들에게 권할 만한 아이템이다.

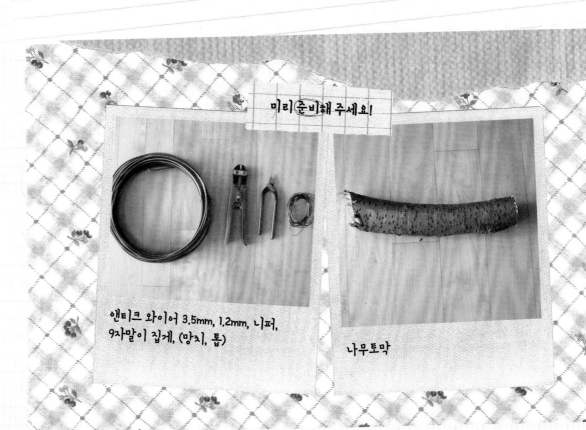

미리 준비해 주세요!

앤티크 와이어 3.5mm, 1.2mm, 니퍼,
9자말이 집게, (망치, 톱)

나무토막

01. 나무토막을 4cm가량 재단한다.

02. 나무토막 중앙에 드릴로 구멍을 내준다.

03. 3.5mm 와이어를 니퍼로 재단하여 9자말이 집게를 이용하여 4바퀴 감아준다.

04. 1.2mm 와이어로 가장자리 부분에 동그랗게 3번 감아준다.

05. 망치로 두드려 펴며 모양을 잡아간다.

06. 납작하게 두드리면 해바라기꽃 모양이 완성된다.

07. 나무토막과의 조화를 고려하여 와이어의 길이를 조절한다.

08. 나무토막에 뚫어놓은 구멍에 메모꽂이 꽂아주면 완성된다.

# 자투리 천으로 만든
## 하트 모양 윈드벨

청바지 자투리로 인형을 만들고 작은 종을 달아서 창가에 걸어두면 바람이 불어올 때마다 딸랑딸랑 예쁜 종소리를 들을 수 있다. 만드는 즐거움에, 눈과 귀가 동시에 즐거워지는 것을 느낄 수 있는 아이템이다.

바느질 스텐실 기법

미리 준비해 주세요!

청바지 자투리, 솜, 마끈, 리본 테이프,
종, 글루건, 아크릴물감,
(바늘, 실, 가위)

01. 종이에 하트를 그려 오린 뒤 청바지 천에 대고 밑그림을 그린다.

02. 도안에서 1cm가량을 남겨두고 가위로 오려 두 장을 만든다.

03. 한쪽 겉면에 글자를 스텐실하여 포인트를 준다.

04. 하트 두 장을 겹쳐 안쪽에서 박음질을 해준다.

05. 종에 마끈을 묶어 준비한다.

06. 하트를 뒤집었을 때 고리가 생기도록 안쪽에 매듭을 묶어 자리를 잡고 박음질을 계속한다. 같은 방법으로 종도 달아 준다.

07. 5cm가량 창구멍을 남겨두고 뒤집은 뒤 솜을 넣어 볼륨을 준다.

08. 창구멍을 꿰매고 마끈으로 장식한다.

09. 리본이나 꽃 같은 소품으로 장식하면 더욱 사랑스럽게 완성된다.

# 청바지 자투리로 만든
# 컨트리 스타일 인형

청바지 천은 디자인에 따라 어떤 공간이나 어떤 소재와도 잘 어우러지기 때문에 활용도가 매우 넓다. 낡으면 낡은 대로, 색이 바라면 바란 대로 나름의 멋을 갖고 있기 때문에 그 특성을 잘 살려서 리폼에 활용하면 된다.

바느질, 핸드 페인팅

미리 준비해 주세요!

청바지 자투리, 페트병, 솜, 마끈,
글루건, 아크릴물감, (붓, 가위)

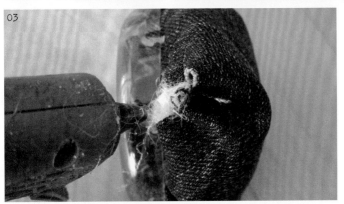

01. 페트병 바닥부분을 2cm 정도 잘
라낸다.

02. 청바지 천을 가로, 세로 10cm가
량 재단하여 솜을 넣은 후 글루
건으로 붙여 동그랗게 만든다.

03. 동그랗게 만든 청바지 천을 페트
병 바닥에 붙여 얼굴 모양의 틀
을 만들어 준다.

04. 마끈을 묶어 머리 모양을 만들어
둔다.

05. 글루건을 이용해 인형 얼굴 위에 머리를 붙여준다.

06. 아크릴물감으로 인형 얼굴을 그려준다.

07. 다양한 표정으로 만들어 함께 걸어두면 재미있는 소품이 된다.

# 널빤지로 만든
# 조화 화분 세트

작은 조화 화분 몇 개만 늘어뜨려 놓아도 발코니 분위기가 확 달라진다.
특히 조화는 가볍고 물이나 흙이 필요 없으므로 글루건만으로도 충분
히 작품을 완성할 수 있다. 아담한 사이즈로 여러 개를 만들어 두면 배
치하는 방법에 따라 분위기를 바꿀 수 있어 더욱 좋다.

목공예, 스텐실 기법

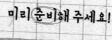
미리 준비해 주세요!

널빤지, 조화, 글루건, (사포)

페인트, 아크릴물감, 붓

01. 널빤지를 가로, 세로 8cm 크기로 재단해 5개씩 글루건으로 붙여 박스 모양으로 만든다.

02. 박스에 전체적으로 흰색 수성페인트를 칠한다.

03. 스텐실로 그림이나 글자를 넣어 포인트를 준다.

04. 가는 붓을 이용하여 깔끔하게 마무리한다.

05. 가장자리 부분을 붓으로 군데군데 터치하여 오래된 듯한 느낌을 연출한다.

06. 글루건을 박스 안쪽에 바르고 조화를 붙여 마무리한다.

# 도마와 통조림 캔으로 만든 벽걸이

과일 통조림을 먹고 남은 캔을 재활용한 벽걸이. 뚜껑에 달린 고리를 그대로 걸이로 활용하는 것이 아이디어. 사진처럼 조화를 꽂아도 예쁘고, 붓이나 펜 같은 리폼 도구를 정리하는 벽걸이로 활용해도 실용적이다. 색깔을 달리하면 전혀 다른 분위기를 낼 수도 있다.

핸드 페인팅, 스텐실 기법

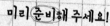

미리 준비해 주세요!

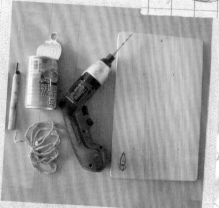

도마, 통조림 캔, 마끈, 조각도, 드릴

페인트, 아크릴물감, 붓

01. 브라운 아크릴물감을 물에 희석 하여 도마에 2번 정도 칠해 준다.

02. 물감이 완전히 마르면 조각도로 홈을 파 패널 느낌을 낸다.

03. 통조림 캔에 흰색 수성페인트를 바르는데, 3번 정도 꼼꼼하게 발 라야 깔끔해진다.

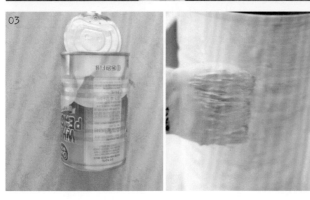

캔 뚜껑을 그대로 두어 걸이로 활용해요.

04

04. 도마와 캔에 스텐실을 해 포인트
를 준다.

05. 도마에 나사못을 돌려 박고 캔
뚜껑의 고리로 걸어 준다.

05

Lesson 34

# 달걀껍질과 널빤지로 만든 미니 화분

달걀껍질로 만든 작은 선인장 화분이 너무 귀여워 웃음이 나올 지경. 달걀껍질 화분을 세운 비밀도 깜찍하다. 어설픈 조화 소품보다 훨씬 더 사랑스럽고, 작지만 생명력을 느낄 수 있어 더욱 좋다. 초보자들도 도전해 볼 수 있는 손쉬운 아이템이다.

목공예, 핸드페인팅

미리 준비해 주세요!

달걀껍질, 널빤지, 자갈, 인공토양, 은색 와이어 3.5mm, 글루건, 9자말이 집게, 톱, 망치, 드라이버, (병뚜껑, 니퍼, 사포)

페인트, 붓

01. 달걀껍질 안에 인공토양을 조금 넣은 뒤 선인장을 심고 다시 인공토양을 채우고 자갈을 깔아 화분을 완성한다.

02. 널빤지를 만들려는 화분받침 크기에 맞춰 재단한다.

03. 180방 사포로 샌딩하여 나무의 거친 느낌을 다듬은 다음 못으로 고정해 기본 틀을 만든다.

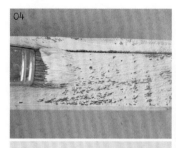

04. 준비된 틀에 흰색 수성페인트를 칠한 뒤 완전히 마르면 허전한 부분에 스텐실로 포인트를 준다.

05. 병뚜껑을 화분받침 바닥에 붙여 달걀껍질 화분을 세울 수 있게 준비한다.

06. 3.5mm 은색 와이어를 10cm 길이로 재단하여 손잡이를 만든다.

07. 드라이버로 나사못을 돌려 박아 손잡이를 고정하고 달걀껍질 화분을 놓을 준비를 한다.

08. 병뚜껑 위에 달걀껍질 화분을 하나씩 올려놓으면 미니 화분 세트가 완성된다.

물을 자주
주지 않아도 되는
미니 선인장이
좋아요.

# 자투리 나무로 만든
# 장식용 사다리

특별히 공간을 차지하지도 않고 만들기도 어렵지 않은 장식용 사다리다. 작은 소품을 걸어 두기에도 그만이라서 발코니 한쪽에 세워 두면 장식 효과는 물론, 실용성까지 누릴 수 있다. 주변 소품들과 어울리도록 분위기를 연출해 주면 인테리어 감각이 돋보일 듯.

목공예

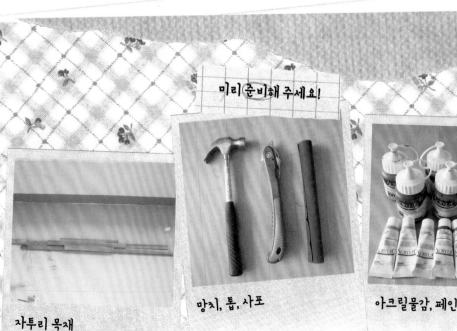

미리 준비해 주세요!

자투리 목재

망치, 톱, 사포

아크릴물감, 페인트, 붓

01. 목재를 재단하여 못으로 고정시켜 사다리를 만든다. 약간씩 각을 주면 더욱 재미있는 작품이 완성된다.

02. 흰색 수성페인트를 2번 정도를 발라 주고, 다 마르면 180방 사포로 샌딩하여 자연스러운 느낌을 만든다.

03. 허전한 부분에 스텐실을 해서 포인트를 준다.

04. 가장자리 부분은 붓으로 좀더 터치해 줘 컨트리한 느낌을 만든다.

05. 중간 중간 장식 소품만 붙여 주면 완성이다.

조화를 붙이거나 예쁜 천을 접어 걸어 두어도 좋아요.

# 사과상자를 분해해서 만든
# 유럽식 어닝

발코니 중간에 장식용 차양을 만들어 달면 로맨틱한 분위기를 살릴 수
있다. 발코니에 차를 마실 수 있는 코지 코너를 마련하거나 작은 가든
을 만든 경우에는 특히 어닝이 분위기를 한껏 고조시켜 준다.

목공예, 핸드페인팅

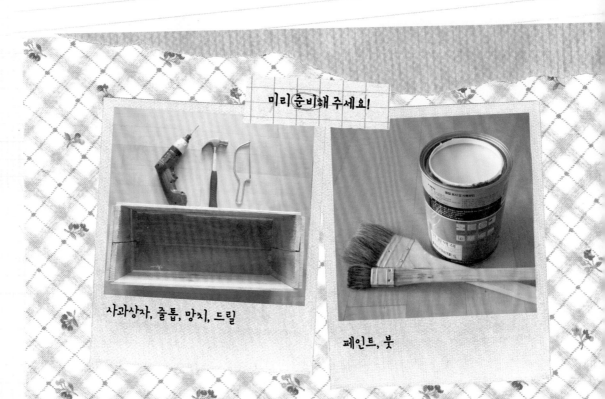

미리 준비해 주세요!

사과상자, 줄톱, 망치, 드릴

페인트, 붓

직소기가 있으면
더 빠르게 할 수
있겠죠?

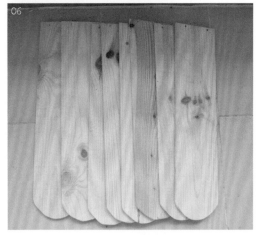

01. 망치를 이용해 사과상자를 분해한다.

02. 나무판에 차양의 끝 부분이 될 반원의 밑그림을 그린다.

03. 라인을 따라 드릴로 군데군데 구멍을 내 재단하기 좋게 손질한다.

04. 줄톱을 이용하여 반원 모양으로 재단한다.

05. 나무판의 거친 부분을 120방과 180방 사포로 샌딩하여 매끄럽게 다듬는다.

06. 이렇게 다듬은 나무판을 설치할 공간에 따라 필요한 개수만큼 준비한다.

07. 나무판을 나무 막대 위에 보기 좋게 배열한 뒤 못으로 고정한다.

08. 위쪽과 옆쪽을 막아 부피감을 만들어 주고, 나사못을 이용해 걸 고리를 단다.

09. 흰색 수성페인트를 2번 정도 칠하는데, 먼저 바른 페인트가 완전히 마른 뒤에 덧발라야 깔끔하게 칠해진다.

10. 스텐실로 장식을 넣어 포인트를 살린다.

11. 이제 완성이다. 원하는 위치에 걸기만 하면 끝!

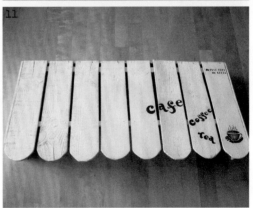

# 웨스턴 바 느낌을 낸
# 발코니 중문

서부영화의 주요 배경이 되는 바에는 꼭 있는 중문. 앞뒤로 살짝살짝 왔다 갔다 하는 문 뒤에는 왠지 로맨틱한 비밀이 숨겨져 있을 것 같은 분위기다. 꿈 많은 소녀 시절, 누구나 한 번쯤 꿈꿔 본 중문을 발코니에 달아보자.

**목공예, 핸드 페인팅**

## 미리 준비해 주세요!

사과상자, 앤티크 와이어 3.5mm와 1.2mm, 9자말이 집게, 니퍼, 망치, (각목, 사포)

페인트, 붓

01. 사과상자를 분해해 나무판을 준비한다.

02. 나무 받침을 대고 못을 박아 틀을 만든다. 문의 크기는 설치할 위치에 따라 결정한다.

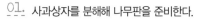

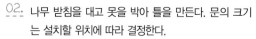

03. 120방과 180방 사포로 샌딩하여 나뭇결을 부드럽게 손질해 준다.

04. 흰색 수성페인트를 2번 정도 칠한 뒤 스텐실로 포인트를 준다.

05. 앤티크 와이어 3.5mm를 니퍼로 재단한 뒤 9자말이 집게로 양쪽 끝을 둥글게 말아 못구멍을 만든다.

06. 와이어를 부드럽게 둥글려 손잡이에 적당한 각도로 구부린다.

07

08

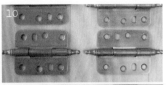

10

09

09. 이제 중문을 벽에 달아야 하는데, 이때는 드릴로 콘크리트 벽에 구멍을 낸 뒤 앵커를 박고, 문틀이 될 각목에도 구멍을 내서 나사못으로 고정시킨다.

10. 경첩을 이용해 벽에 댄 문틀과 중문을 연결해 고정시켜 주면 완성된다.

07. 준비된 손잡이에 앤티크 와이어 1.2mm를 감아 멋을 부린다.

08. 완성된 손잡이를 좌우에 하나씩 달아 주면 중문이 완성된다.

# 콘크리트 벽에 못 박을 땐 앵커볼트

콘크리트 벽에는 못이 깊이 안 들어가 견고한 작업을 하기 어렵다. 이때는 앵커볼트를 이용하면 편리하다. 드릴로 구멍을 내고 앵커 작업을 한 뒤에 못을 박으면 한결 견고하다.

Ignacio
&
Angela

House

# 사과상자로 리폼한
# 컨트리풍 티 테이블 세트

왠지 촌스럽게 느껴져 테이블로 덮거나 한쪽으로 치워 두었던 티 테이블, 방석이나 덮개를 씌워 사용하던 의자을 과감하게 리폼해 보자. 발코니에 어울리는 컨트리풍으로 리폼하면 새로 산 것 못지않게 새로운 분위기를 연출할 수 있다.

목공예, 스텐실 기법

미리 준비해 주세요!

안 쓰는 의자, (낡은 티 테이블)

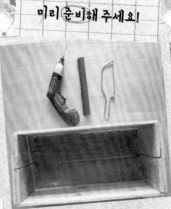

사과상자, 줄톱, 드릴, 사포

아크릴물감, 페인트, 붓, (바니쉬)

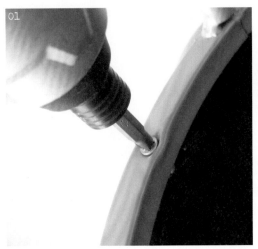

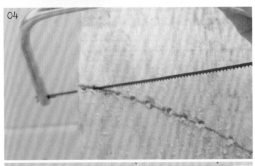

01. 드릴을 이용해 의자의 방석 부분을 분리한다.

02. 방석에 씌워져 있던 비닐을 걷어 내고 원판만 남겨
둔다.

03. 사과상자 널빤지를 연이어 놓고 의자 방석에서 떼어
낸 원판을 대고 밑그림을 그린다. 밑그림을 따라 드릴
로 구멍을 뚫어 놓으면 재단하기 쉽다.

04. 밑그림을 따라 줄톱으로 재단한다.

목재의 곡선 자르기
공구로는
직소기가
있답니다.

05. 방석에서 떼어낸 원판에 재단한 널빤지를 나사못으로 고정한다.

06. 120방과 180방 사포로 거친 면을 샌딩해 부드럽게 만든다.

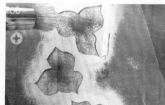

07. 올리브 그린 아크릴물감을 물에 희석하여 3번 정도 칠해 준다.

08. 물감이 완전히 마르면 스텐실로 포인트를 살려준다.

09. 바니쉬를 2번 정도 발라 마무리한다.

10. 방석 부분을 의자 틀에 다시 고정시키면 컨트리풍의 의자가 완성된다.

11. 테이블은 180방 사포로 가볍게 샌딩한 뒤 젯소 1회, 흰색 수성페인트 2회 정도를 발라준다.

12. 페인트가 완전히 마르고 나면 의자 분위기에 맞춰 스텐실을 해준다. 바니 쉬를 3번 정도 발라 마무리한다.

# 파벽돌로 꾸민
# 프로방스 스타일 창문

답답한 아파트 발코니에 작은 창문 하나 만들어 달면 기분이 한결 상쾌
해진다. 정교하고 깔끔한 스타일보다는 프로방스 스타일로 자연스럽고
조금은 낡은 듯한 시골 풍경을 연출하면 만들기도 쉽고 분위기도 한결
편안해지는 것을 느낄 수 있다.

목공예

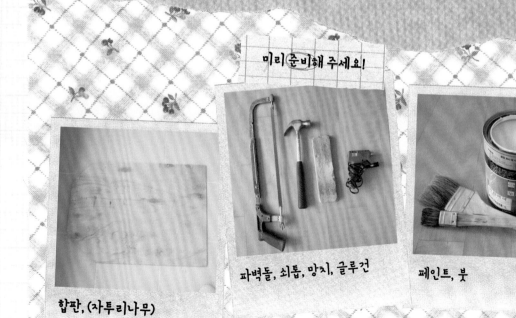

미리 준비해 주세요!

파벽돌, 쇠톱, 망치, 글루건

페인트, 붓

합판, (자투리나무)

01.

01. 합판을 아치형으로 재단하여 흰
색 수성페인트를 칠한다.

02. 벽돌에 밑그림을 그리고 쇠톱을
이용하여 3분의 1 가량 자른 뒤
망치로 가볍게 내리쳐 자연스런
형태로 깬다.

03. 재단된 파벽돌을 글루건으로 합
판 가장자리에 고정시킨다.

02

파벽돌 한쪽 끝을 잡고
'툭' 하는 정도로
살짝 망치질을
해주세요.

03

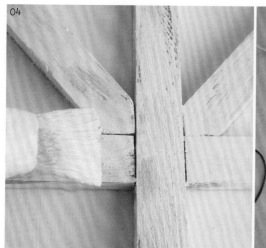

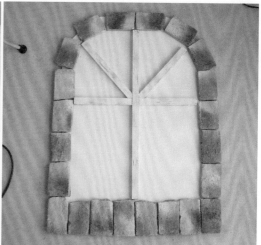

04. 자투리 나무를 글루건으로 붙여 중앙 부분에 창살 모양을 만든다.

05. 창문이 완성되면 아래쪽에 선반 등을 연결해 사랑스러운 느낌을 더한다.

# 컴퓨터 책상으로 만든 로맨틱 홈 바

발코니 버려진 공간을 활용해 홈 바를 설치하면 둘만의 아늑한 공간으로 활용할 수 있다. 앞에서 만든 컨트리풍 티 테이블 세트를 나란히 배치하면 더욱 멋스럽다. 발코니가 썰렁해지는 겨울에는 주방이나 침실 한쪽으로 옮겨서 즐겨도 좋을 듯.

목공예, 핸드페인팅

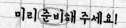
미리 준비해 주세요!

컴퓨터 책상

사과상자, 검정 와이어 3.5mm와 1.2mm, 은색 와이어 3.5mm, 드릴, 망치, 톱, 줄톱, 니퍼, 9자말이 집게, (사포)

아크릴물감, 페인트, 붓, (바니쉬)

01

02

03

01. 망치를 이용하여 사과상자를 분해한다.

02. 분해한 널빤지를 컴퓨터 책상 상판에 못으로 고정한
다. 거친 부분은 120방과 180방 사포로 샌딩하여 부
드러운 느낌이 나게 다듬어 준다.

03. 브라운 아크릴물감을 물에 희석하여 상판에 3번 정도
발라 준 뒤 바니쉬를 3번 정도 발라 마무리한다.

04. 키보드 서랍을 분해해 와인병 받침대를 만드는데, 병
목이 놓일 위치를 잡아 반원으로 밑그림을 그린 뒤
드릴로 구멍을 내 줄톱으로 재단한다. 180방 사포로
샌딩해 절단면을 부드럽게 만들어 준다.

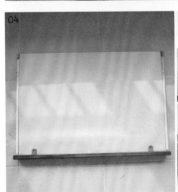

04

줄톱 사용하기가
쉽진 않지만
작품의 완성도와
성취감은
높여 준답니다.

05. 상판을 제외한 나머지 부분에 젯소 1번, 흰색 수성페인트 3번 정도 칠해 준다. 페인트가 완전히 마르면 바니쉬를 3번 정도 발라 마무리한다.

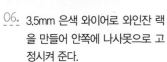

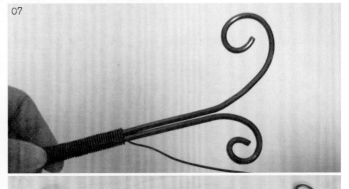

06. 3.5mm 은색 와이어로 와인잔 랙을 만들어 안쪽에 나사못으로 고정시켜 준다.

07. 3.5mm와 1.2mm 검정 와이어를 이용하여 냅킨걸이를 만들어 홈 바 옆면에 나사못으로 고정해 주면 로맨틱한 홈 바가 완성된다.

나만의 개성을
찾아 주는
액세서리 정리대^^

# PART 5

# Bed Room

## 아늑하고 행복한 침실

침실에는 많은 물건을 놓아두는 게 안 좋다고
하더라고요. 하지만 따뜻하고 로맨틱한 분위기를
만들어 줄 만한 소품까지 외면할 수는 없겠죠?
침실 분위기를 화사하면서도 편안하게 만들어
줄만한 소품 만들기 몇 가지 소개합니다.
이 기회에 부부만을 위한
테이블도 하나 장만해 보세요.

# 귤껍질에 양초를 부어 완성한 귤양초

- - - - -

예쁜 양초를 만들고 싶어서 독특한 몰드를 찾고 있다면 귤껍질을 이용한 양초를 만들어 보자. 귤색으로 만든 양초를 부어서 굳히면 실제 귤보다 더 예쁜 양초를 얻을 수 있다. 파란 잎과 함께 장식하면 크리스마스 소품으로도 그만이다.

양초 공예

미리 준비해 주세요!

귤껍질, 양초, 크레파스, (냄비)

01

02

01. 귤을 반으로 자른 뒤 알멩이를
조심스럽게 빼내고 껍질만 준비
한다.

02. 냄비에 양초와 크레파스를 갈아
넣고 약한 불에서 녹여준다. 적
당한 캔이 있으면 캔에 양초와
크레파스를 넣고 중탕을 하면 더
욱 좋다.

03. 귤껍질에 양초 녹인 물을 부은
다음 가운데 심지를 넣는다.

양초를 녹일 때는
우유팩을 활용해
중탕을 하면
좋답니다.

양초 녹인 물을
붓기 전에 심지를
바닥에 고정하면
더욱 좋답니다.

04. 나무젓가락으로 심지를 고정한 뒤 양초가 굳기를 기다린다.

05. 양초가 완전히 굳으면 사용한다.

# 과자박스와 포장지로 만든
# 페미닌 프레임

꼭 근사한 그림이나 사진이 있어야 액자를 거는 건 아니다. 그냥 액자 자체만
으로도 멋진 인테리어 소품이 되기 때문에 컬러나 패턴을 즐길 수 있는 꽃무
늬 종이나 천을 안에 넣는 것만으로도 충분히 훌륭한 소품이 된다.

목공예

미리 준비해 주세요!

과자박스, 각목, 포장지, 글루건, 가위,
드라이버, (타카, 사포)

페인트, 붓

각목 대신
쉽게 구할 수 있는
자투리 나무로
액자틀을 만들어
보아요.

01. 액자 크기를 정한 뒤 각목을 크기별로 재단한다.

02. 180방 사포로 거친 부분을 샌딩한다.

03. 재단해 놓은 각목을 글루건으로 붙여 액자틀을 만든다.

04. 완성된 틀에 흰색 수성페인트를 바르는데, 사포로 다시 샌딩을 해야 하므로 꼼꼼하게 하지 않아도 된다.

05. 180방 사포로 좀더 부드럽게 샌딩해 준다.

06. 포장지를 액자틀에 맞추어 재단한 뒤 타카를 이용하여 과자박스에 박아 준다.

07. 액자틀에 스텐실을 해 포인트를 살린다.

08. 고리를 만들어 액자에 고정시킨다.

09. 서로 조화를 이루도록 크기별로 만들면 더욱 좋다.

타카를 사용할 땐
위험할 수 있으니
위치를 잘
확인해야 해요.

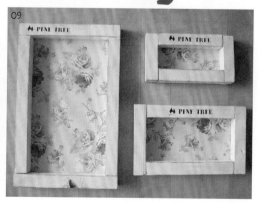

# 국자와 널빤지를 이용한 벽걸이 화분

촛대 만들기에서 한번 해본 방식이라 어렵지 않을 것이다. 국자의 움푹한 부분을 활용해 미니 화분으로 활용한 아이디어로, 작고 줄기가 늘어지는 녹색 식물을 심어 놓으면 침실에서도 부담 없이 그린 인테리어를 즐길 수 있다.

핸드 페인팅

미리 준비해 주세요!

널빤지, 국자, 마끈, 드릴, 화초

아크릴물감, 페인트, 붓

01. 널빤지를 국자 길이에 맞춰 재단한 뒤 흰색 수성페인트를 칠한다.

02. 널빤지 가운데 부분에 구멍을 뚫어 준비한다.

03. 중앙 부분에 아크릴물감으로 스텐실을 해 포인트를 살린다.

04. 구멍을 뚫어 놓은 널빤지와 국자를 마끈으로 연결하여 뒷부분은 매듭을 지어 주고 앞쪽은 리본으로 묶어 고정시켜 준다.

05. 이제 화초만 심어서 걸면 완성이다.

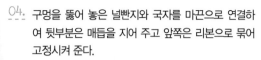
물을 자주 주지 않아도 잘 자라는 화초가 좋아요.

마끈 끝에 테이프를 붙여 넣으면 손쉽게 할 수 있어요.

LOVE

H.GravurePrint PAT.

Produced by HYUN-DAI CO., LTD. Taipei Taiwan

LOVE

Graphing Collection

# 영자신문으로 만든
# 심플한 액자

밋밋한 벽에 걸만한 액자가 없다면 간단하게 만들어 보자. 딱히 멋진 그림이
나 사진이 없어도 괜찮다. 컨트리한 느낌으로 페인팅을 한 액자에 영자 신문
을 붙여주기만 해도 멋스런 소품이 탄생한다. 자그마하게 두세 개 만들어서
함께 걸면 더욱 좋다.

종이공예, 스텐실 기법

미리 준비해 주세요!

MDF 판자

영자 신문, 우드락, (삼각고리)

페인트, 아크릴물감, 붓, (바니
쉬, 풀, 톱)

01. MDF 판자를 가로 20cm, 세로 25cm로 재단하여 흰색 페인트를 2번 정도 칠한다.

02. 페인트가 충분히 마르면 상단에 글자를 스텐실한다.

03. 남은 물감으로 가장자리 부분들을 가볍게 터치하여 컨트리한 멋을 내준다.

04. 우드락을 가로 10cm, 세로 15cm로 자른 다음 영자신문을 풀로 감싸듯이 붙여준다.

05. 2개가 서로 조화를 이루게 구성한다.

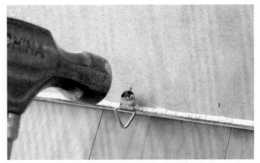

06. MDF 판자에 준비한 영자 패널을 붙인다.

07. 삼각고리를 달아 벽에 걸 수 있게 준비한다.

08. 글자 장식이나 영자신문 색깔을 똑같이 해도 좋고, 조금씩 변화를 주어도 재미있다.

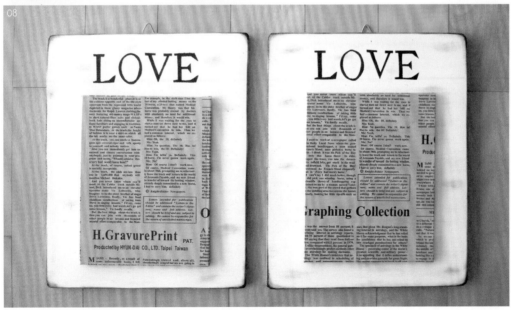

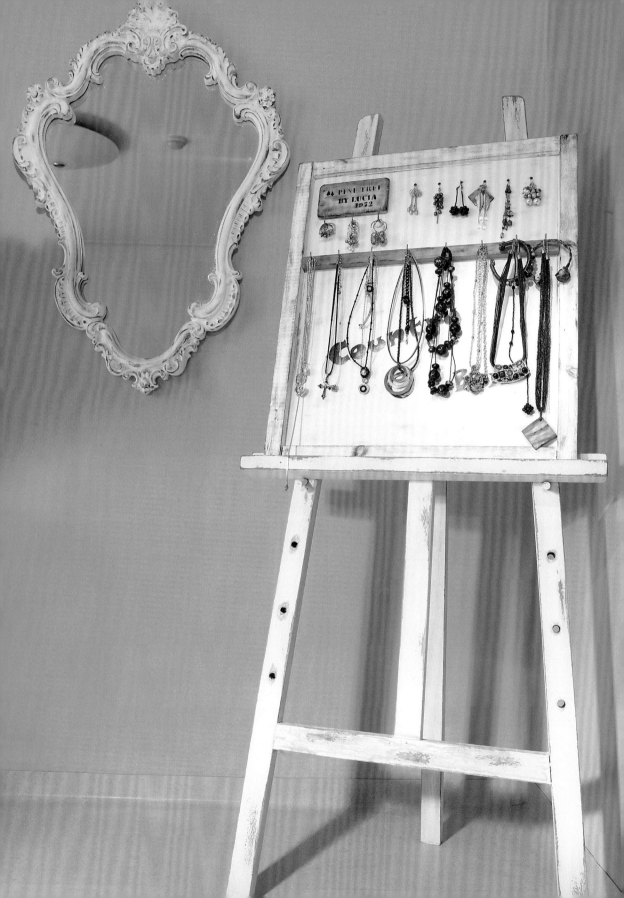

# 자투리 나무와 이젤로 만든
# 액세서리 정리대

낡은 이젤의 놀라운 변신. 서랍 속에 어지럽게 뒤섞여 있는 액세서리들을 깔끔하게 정리할 수 있는 정리대로 재탄생했다. 액세서리 전문점에서 얻어 온 힌트를 활용해서 만든 작품이다. 드레스 룸 한쪽에 세워 두면 외출할 때마다 유용하게 사용할 수 있을 듯.

목공예

미리 준비해 주세요!

합판, 각목

자투리 나무, ㄴ자못, (사포)

이젤

아크릴물감, 페인트, 붓

01. 합판 가장자리에 자투리 나무를 박아 정리대 패널을 만들고 액세서리를 걸 부분에 ㄴ자 못을 박아 걸이를 만든다.

02. 패널에 흰색 수성페인트를 칠한 뒤 아크릴물감으로 군데군데 붓자국을 내 오래된 듯한 느낌을 만든다. 스텐실로 포인트를 넣어 주면 더욱 멋스럽다.

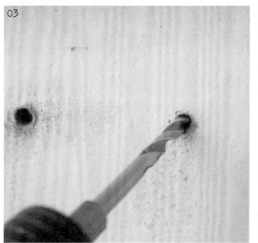
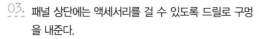
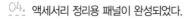

03. 패널 상단에는 액세서리를 걸 수 있도록 드릴로 구멍을 내준다.

04. 액세서리 정리용 패널이 완성되었다.

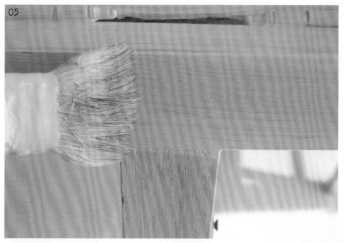

05. 이젤은 아크릴물감으로 민트색을
만들어 칠해 준다.

06. 물감이 다 마르면 군데군데 180
방 사포로 샌딩하여 패널과 분위
기를 맞춰 준다.

07. 정리용 패널을 이젤에 올리면 액
세서리 정리대가 완성된다.

# 패브릭으로 꾸민
# 침실 협탁과 의자 세트

짝이 안 맞는 테이블과 의자, 따로 산 협탁과 화장대를 바꾸면서 남겨진 의자 등등……. 집안을 둘러보면 혼자 노는 소품들이 종종 있다. 이런 물건들을 한 데 모아 같은 패브릭으로 깔끔하게 꾸며 주면 새로운 세트가 탄생된다. 가볍게 페인트칠을 해 색깔까지 맞춰 주면 금상첨화.

핸드 페인팅, 패브릭 공예

미리 준비해 주세요!

협탁

패브릭, 가위, 드라이버, 풀, (사포)

젯소, 바니쉬, 페인트, 붓

## Let's Go Reform!

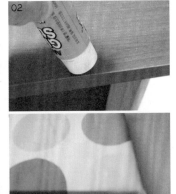

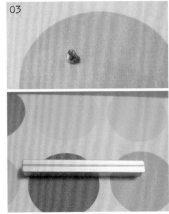

01 01. 협탁 서랍의 손잡이는 드라이버로 나사를 풀어 분리한다.

02 02. 서랍 앞부분 크기를 재 패브릭을 재단한 뒤 풀을 이용하여 붙여 준다.

03 03. 패브릭이 다 마르면 분리해 두었던 손잡이를 단다.

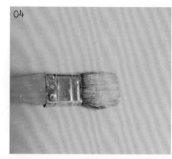

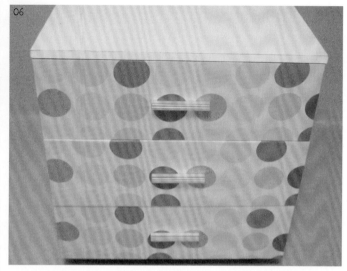

04. 협탁에 젯소를 바른 뒤 흰색 수성페인트를 2번 정도 발라 준다.

05. 바니쉬로 마무리 해준다.

06. 패브릭으로 꾸며 준 서랍을 끼우면 완성이다.

## 젯소는 왜 발라야 하나?

페인트를 바르기 전에 젯소를 표면에 발라 주면 어떤 페인트건 매끄럽게 도장할 수 있다. 또한 접착력을 좋게 하며 기본 바탕에 있는 색상이 배어 나오지 않게 하는 효과도 있다.

## 2nd Item!

의자

패브릭, 시트지, 타카, 가위, (사포)

페인트, 붓

## Let's Go Reform!

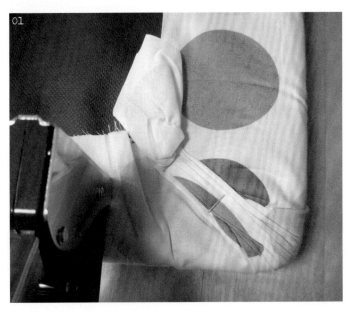

01

글루건을 이용해서 패브릭을 붙여 주어도 돼요.

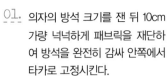

01. 의자의 방석 크기를 잰 뒤 10cm 가량 넉넉하게 패브릭을 재단하여 방석을 완전히 감싸 안쪽에서 타카로 고정시킨다.

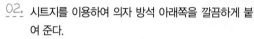

02. 시트지를 이용하여 의자 방석 아래쪽을 깔끔하게 붙여 준다.

03. 의자의 다리는 흰색 수성페인트를 바른 뒤 잘 마르면 사포로 샌딩해 자연스러운 느낌을 살린다.

04. 바니쉬를 발라 마감한다.

05. 패브릭으로 꾸민 의자도 완성. 협탁과 나란히 두고 사용한다.

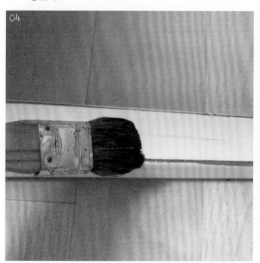

# 낡은 의자와 타일로 만든 침실 테이블

아이디어를 조금만 내면 낡은 의자를 테이블로 변신시킬 수도 있다. 튼튼하고 멋진 테이블의 관건은 상판보다는 다리에 있기 때문. 의자 다리를 최대한 활용하여 장식성과 실용성을 겸비한 침실용 티 테이블에 도전했다. 흰색 타일로 장식한 테이블이 고급스럽다.

**목공예, 타일 공예**

미리 준비해 주세요!

의자 2개, (타일, MDF 패널, 널빤지, 타일 본드, 백시멘트, 망치, 톱, 젯소, 바니쉬, 칫솔)

아크릴물감, 페인트, 붓

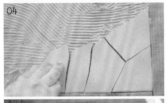

01. 의자의 등받이와 방석 부분을 톱으로 잘라 내고 의자 2개를 마주 붙여 못으로 고정시킨다. MDF 패널을 의자 크기에 맞춰 재단한 뒤 상판 위치에 붙인다.

02. 상판 가장자리 부분에 널빤지를 잘라 붙이고 사포로 샌딩한다.

03. 바닥에 수건을 대고 망치로 타일을 살살 두들겨 깬다.

04. MDF 패널에 타일 본드를 펴 바른 뒤 깨 놓은 타일을 붙인다. 이때는 조금씩 간격을 두고 붙여야 멋스럽다.

05. 다리 부분은 젯소를 바른 뒤 흰색 수성페인트를 칠해 주고, 상판에 붙인 널빤지는 흰색 수성페인트만 칠해 준다.

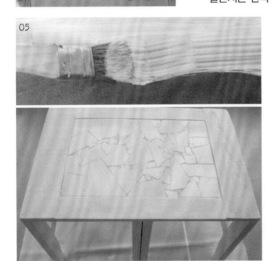

타일본드가 완전히 마른 후(약 하루) 줄눈작업을 해야 해요.

06. 페인트가 다 마르면 칫솔을 이용하여 아크릴물감을 군데군데 자연스럽게 발라 준다. 아크릴물감은 물을 섞지 않고 원액 그대로 발라 주는 게 자연스러운 느낌을 내는 비법이다.

07. 스텐실로 살짝 포인트를 준 뒤 바니쉬로 마감해 준다.

08. 그늘에서 잘 말려 주면 멋진 침실 테이블 완성!

## 아크릴물감으로 스텐실하기

아크릴물감으로 스텐실을 할 때는 물감에 물을 섞지 않고 원액 그대로 사용하는 것이 좋다. 스텐실 붓에 물감을 묻혀 종이에 여러 번 두들겨 묻혀 낸 뒤 물감이 거의 없는 상태에서 스텐실을 해주면 깔끔하다.

우드락 이니셜과
비즈로 장식한 발이
멋진 조화를
이뤘답니다~

PART 6

# Kid's Room

## 상상력 가득한 아이방

아이들 방은 편안하면서도 상상력과 창의성을
자극할 수 있는 소품으로 꾸며 주는 게 좋답니다.
아이들은 작은 변화 하나에도 크게 기뻐하며
상상의 나래를 펴곤 하니까요.
엄마의 작은 노력이 아이에겐 멋진 선물,
남다른 이벤트가 된답니다.
아이와 함께 만들어 보는 것도 아주 좋고요.

# 우드락 이니셜로 벽장식 만들기

소품점에 가보면 나무로 만들어진 이니셜이 있는데, 원하는 대로 구비하려면 만만치 않은 가격이다. 바로 이럴 때 우드락은 목재 이니셜을 대신할 만한 꽤 그럴 듯한 대용품이 되어 준다. 컬러만 잘 선택하면 기성품 못지않은 멋과 세련미를 연출할 수 있다.

우드락 공예

## 미리 준비해 주세요!

우드락, 출력한 이니셜, 마스킹 테이프, 사포, 칼

아크릴물감, 붓

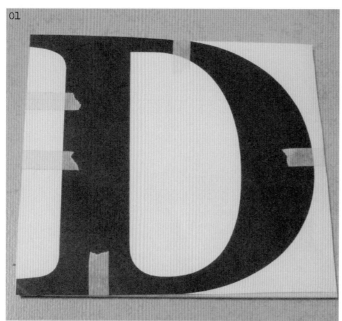

01. 종이에 출력한 이니셜과 우드락을 마스킹 테이프로 붙이는데, 밀리지 않게 밀착시킨 후 붙이는 것이 노하우.

02. 커터로 한번에 재단한 뒤 종이는 떼어낸다.

한번에 깔끔하게
잘라 주어야 해요.
사포로 쓱싹쓱싹~
더욱
깔끔해져요.

03

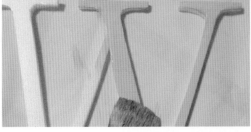

아이의
영문이름
이니셜을 만들어
주면 더욱 의미가
깊겠죠?

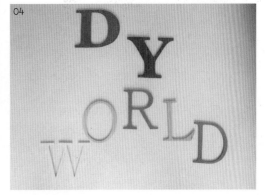

04

03. 재단한 우드락을 여러 가지 색깔의 아크릴물감으로
칠한다.

04. 물감이 마르면 벽에 멋스럽게 붙인다.

## 우드락 깔끔하게 자르기

우드락을 자를 때 칼을 여러 번 움직여 사용하면 재단선이
깔끔하게 나오지 않는다. 한번에 재단한 뒤 고르지 않은 모
서리 부분은 사포로 살살 다듬어 주면 깔끔해진다.

# 자투리 진으로 표현한 비치 액자

앞에서 한 번 해본 자투리 진 액자. 아이방에 어울리는 소품을 붙여 귀엽게 만들어 보자. 지난여름, 온 가족이 함께 놀러 간 바닷가에서 주워 온 조가비를 붙여 장식하면 추억도 함께 간직할 수 있어 아이들 정서에도 그만이다.

**목공예, 스텐실 기법**

**미리 준비해 주세요!**

청바지 자투리, 자투리 나무, 조개껍질, 지끈, 합판, 글루건, 톱

아크릴물감, 페인트, 붓

01. 톱을 이용해 자투리 나무와 합판을 가로, 세로 15cm 크기로 재단한다.

02. 모서리 부분은 종이를 이용하여 사선을 그려 재단하면 액자틀을 쉽게 만들 수 있다.

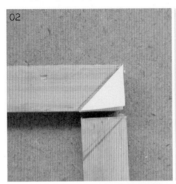

03. 청바지 천을 가로, 세로 15cm 크기로 재단하여 합판에 글루건으로 붙여 준다.

04. 드릴을 이용하여 액자틀 모서리 부분에 구멍을 2개씩 뚫어 둔다.

05. 액자틀을 글루건으로 살짝 붙여 모양을 잡는다.

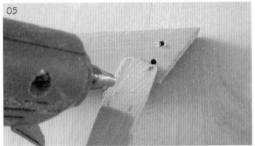

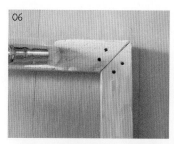
06

07

08

09

10

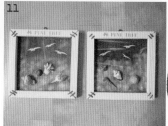
11

06. 액자틀에 흰색 수성페인트를 바른다.

07. 모서리에 뚫어 놓은 구멍에 지끈을 넣어 단단하게 묶는다.

08. 황토색과 흰색 물감으로 가볍게 터치해 바닷가 같은 색감을 내고, 군데군데 조개껍질을 붙이거나 갈매기를 그려 분위기를 살린다.

09. 액자틀에 작은 스텐실 장식을 넣어 포인트를 준다.

10. 액자틀과 바다를 표현한 합판을 나사로 고정해 액자를 완성한다.

11. 고리를 만들어 붙이면 추억 가득한 비치 액자가 완성된다.

액자에 붙여 놓은 조개껍질을 보면서 아이가 신기해 하는 거 있죠?!

# 버려진 거울과 선반으로 만든 미니 화장대

아이들에게도 나름대로 화장대가 필요하다. 특히 여자아이들은 거울 앞에서 자기만의 시간을 갖고 싶어 하기 때문에 작은 화장대를 만들어 주면 아주 좋아한다. 밋밋한 벽도 장식하고 아이에게 멋진 선물도 하는 화장대 만들기에 도전해 보자.

핸드페인팅

미리 준비해 주세요!

거울, 자투리 나무 선반

조화

젯소, 페인트, 붓, (글루건, 사포)

01

02

01. 거울 테두리와 나무 선반에 흰색 수성페인트를 칠한다.

02. 페인트가 다 마르면 180방 사포 로 샌딩하여 컨트리한 느낌을 연 출하고, 바니쉬를 2번 정도 발라 마무리한다.

03.

03. 바니쉬가 다 마르면 글루건으로 조화 장식을 붙여 멋을 부린다.

04. 고리를 만들어 벽에 걸면 우리 아이만을 위한 미니 화장대가 완성된다.

엄마가 직접 만들어 주는 화장대, 너무 좋아해요.

04.

# 자바라 옷걸이의
# 산뜻한 변신

너무 평범해서 재미없는 자바라 옷걸이를 다른 아이템에 맞춰 컨트리풍으로 산뜻
하게 변신시켜 보았다. 밝은 색상에 스텐실 장식까지 넣어 귀여움이 더하다. 깔끔
하면서도 오랫동안 사용해 온 듯한 편안함이 묻어나 사용할 때마다 기분이 좋다.

핸드 페인팅

미리 준비해
주세요!

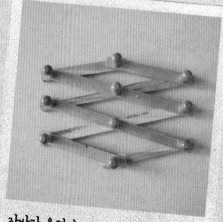

자바라 옷걸이

페인트, 붓, 아크릴물감, (바니쉬, 사포)

01

02

01. 사포로 옷걸이를 가볍게 샌딩한 뒤 흰색 수성페인트를 2번 정도 발라 준다.

02. 페인트가 마르면 180방 사포로 군데군데 샌딩을 해준다.

03. 스텐실로 장식을 넣어 포인트를 살려준다.

04. 마감재 바니쉬를 2회 정도 발라 준다.

05. 평범한 옷걸이의 산뜻한 변신 성공!

03

🌲 PINE TREE

페인트칠 몇 번과
쓱싹쓱싹 샌딩으로
뚝딱 완성!

04

05

# 청바지로 갈아입은
# 낡은 의자의 변신

낡고 촌스러워서 안 쓰는 의자가 있다면 청바지를 입혀 변신시켜 보자.
진은 아이들이 함부로 사용해도 때가 잘 타지 않고, 때가 타거나 낡아
도 나름의 멋이 있기 때문에 아이들 방에 놓아 주면 실용성도 만점, 보
는 즐거움도 만점이다.

핸드 페인팅, 패브릭 공예

미리
준비해 주세요!

의자

청바지 천, 시트지, 글루건,
(드라이버, 사포)

젯소, 페인트, 붓

01. 드라이버를 이용하여 의자 방석을 떼어내고 다리 부분은 젯소를 바른 뒤 흰색 수성페인트를 2번 정도 발라 준다.

02. 페인트가 다 마르면 180방 사포로 가볍게 샌딩해 컨트리한 이미지를 연출 한다.

03. 청바지 천을 의자 방석보다 10cm 가량 넉넉하게 재단한 뒤 방석 위에 놓 고 팽팽하게 잡아당기면서 글루건으로 붙여 준다.

글루건 만으로도 충분하답니다. 타카로 고정하지 않아도 밀리지 않고 튼튼해요.

04. 방석 아래쪽의 지저분한 부분은 시트지를 붙여 마무리한다.

05. 청바지 천을 씌운 방석과 의자 다리를 원래대로 고정한다.

06. 의자 다리에는 바니쉬를 2번 정도 발라 마감을 해준다.

07. 모양이 다른 의자도 같은 콘셉트로 만들면 세트로 구성할 수 있다.

# 인스턴트식품 용기로 만든 이미테이션 취침등

아주 가볍고 작은 용기들로 장식용 취침등을 만들었다. 실제로 불을 켤 수 있는 등은 아니지만 보는 것만으로도 사랑스러워 입가에 미소가 돈다. 침대 머리맡 양쪽에 하나씩 붙이거나 화장대 옆, 책상 위 어디라도 좋다. 작은 소품이지만 아이디어가 돋보인다.

핸드 페인팅, 패브릭 공예

미리 준비해 주세요!

컵라면 용기, 빈 요구르트 병, 빈 참치 캔, 청바지 천, 은구슬, 비즈, 글루건, (아위)

페인트, 붓, (바니쉬)

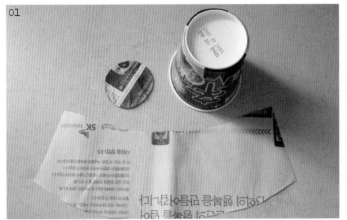

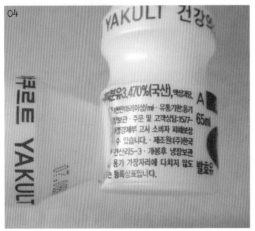

01. 컵라면 용기에 맞추어 신문지를 가위로 오려 준비한 다. 다른 종이보다는 신문지가 부드러워 곡선 부분까 지도 정확하게 잴 수 있다.

02. 오려 놓은 신문지를 청바지 천에 대고 재단한 뒤 포 인트가 되는 그림이나 글씨를 스텐실한다.

03. 준비한 천을 컵라면 용기에 붙인다. 끝부분에 재단선 을 둘러 붙여 주면 더욱 멋스럽다.

04. 글루건을 이용해 요구르트 병 3개를 ㄴ자 모양으로 붙여 준다.

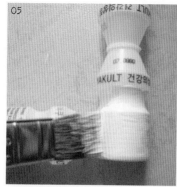

05

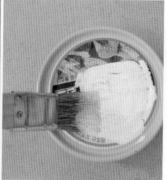

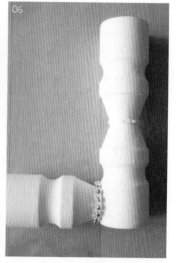

06

07

위험하지 않아
더욱 좋아요.
아이와 함께 만들면
더 재미있어요.

05. 요구르트 병과 참치 캔에 흰색
     수성페인트를 칠한다.

06. 바니쉬를 2번 정도 발라 마감을
     하고 비즈를 붙여 연결 부위를 가
     려 준다.

07. 준비한 용기 세 가지를 차례대로
     붙여 스탠드 모양으로 만들고 비
     즈로 장식한다.

# 패브릭으로 꾸민
# 물방울무늬 미니 장식장

평범한 공간박스도 적당한 서랍 하나 구해 코디하면 멋진 장식장으로 변신시킬 수 있다. 마땅한 서랍이 없으면 라탄 바구니를 이용해도 실용적이다. 밝은 색상의 패브릭을 붙여 산뜻한 분위기를 연출해 주면 아이들이 정말 좋아한다.

핸드 페인팅, 패브릭 공예

미리
준비해 주세요!

공간박스

서랍

자투리 나무

패브릭, 솜, 손잡이,
(풀, 글루건, 사포)

페인트, 젯소, 붓, (바니쉬)

01

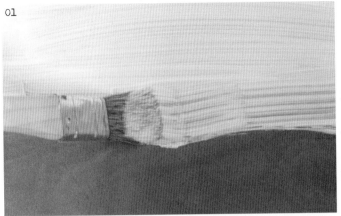

02

03

풀로 붙이면
손쉽게
할 수 있어요.

원래 있던 손잡이에
패브릭 옷을 입혀 주면
멋진 손잡이로 변신!

01. 공간박스와 서랍에 젯소를 바른
뒤 마르면 흰색 수성페인트를 2
번 정도 발라 준다. 페인트가 마
르면 바니쉬를 2번 정도 발라 마
감한다.

02. 박스 안쪽 크기에 맞춰 패브릭을
재단한 뒤 풀로 붙인다.

03. 패브릭을 사각형으로 넉넉하게
재단하여 손잡이와 솜을 함께 넣
고 감싸 실로 묶어 준다.

04. 여분의 패브릭을 가위로 다듬어 글루건으로 붙여 깔끔하게 처리한다.

05. 나사를 조여 서랍에 손잡이를 부착한다.

06. 자투리 나무를 붙여 장식하면 미니 장식장이 완성된다.

# 컨트리 타입의
# 무지개 책상과 책꽂이

아이들이 독서나 놀이용 테이블로 활용할 수 있는 앉은뱅이책상. 엄마가 안 쓰는 침대 협탁을 리폼해서 만든 작품이다. 널빤지마다 각각 다른 색을 칠해 주면 아이들의 컬러 감각과 상상력을 키우는 데도 도움이 된다. 작은 책꽂이를 함께 만들어 주면 더욱 실용적이다.

핸드 페인팅

미리
준비해 주세요!

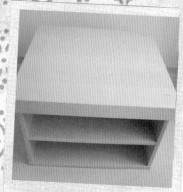

책상으로 쓸 협탁

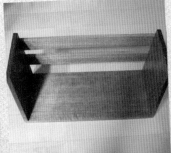

책꽂이

아크릴물감, 페인트, 붓, (나무
판자, 망치, 사포, 바니쉬)

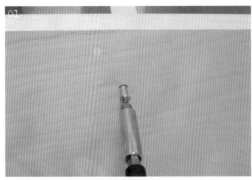

01. 협탁의 가운데 선반을 빼 준다.

02. 책꽂이와 책상으로 변신시킬 협탁에 흰색 수성페인트를 칠해 준다.

03. 나무 판자를 사포로 샌딩한다.

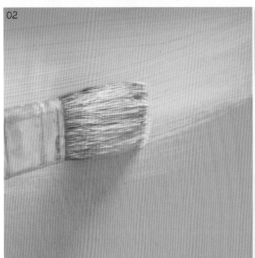

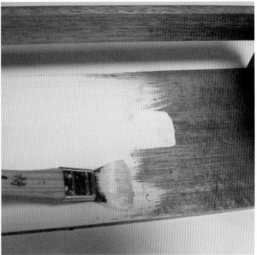

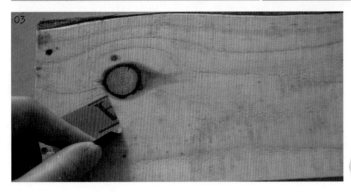

아이가 사용할 책상이니 좀 더 섬세한 사포질이 필요해요.

04. 샌딩한 판자를 협탁 상판에 못으로 박고 아크릴물감을 물에 희석해서 갈색, 주황색, 올리브 그린, 황토색 순으로 칠해 스테인 오일 효과를 낸다.

05. 물감이 완전히 마르면 바니쉬를 3회 정도 발라 준다.

06. 귀여운 앉은뱅이책상 완성. 책꽂이를 올려놓고 사용하면 아주 편리하다.

다양한 색감의 표현은 아이의 상상력을 키워 줘요.

# 나무 액자로 만든 벽걸이 타입 키재기 자

하루가 다르게 부쩍부쩍 자라나는 우리 아이들. 자를 만들어 벽에 붙이면 마음 내킬 때마다 키를 재기도 쉽고 인테리어 효과까지 거둘 수 있어 일석이조다. 산뜻한 패브릭으로 장식성을 더해 기성품 못지않은 멋을 부렸다.

핸드페인팅

미리 준비해 주세요!

나무 액자

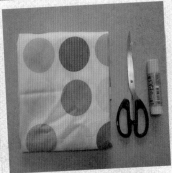

패브릭, 가위, 풀, (유성펜)

페인트, 붓, 아크릴물감

01

02

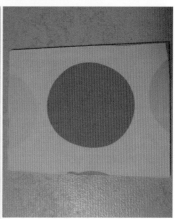

01. 나무 액자에 흰색 수성페인트를
2회 정도 칠해 준다.

02. 패브릭을 재단하여 나무 액자 뒤
에 풀로 붙여 원단의 패턴이 돋
보이게 한다.

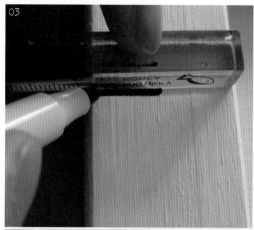

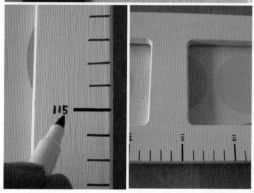

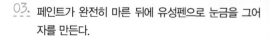

03. 페인트가 완전히 마른 뒤에 유성펜으로 눈금을 그어
    자를 만든다.

04. 상단에 스텐실 작업을 해 완성도를 높인다.

05. 키재기 자 완성! 자 눈금에 맞춰 벽에 걸기만 하면
    된다.

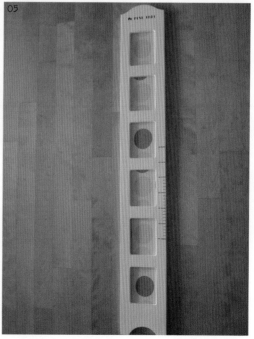

오늘은 얼마나
자랐을까?
재미있는
키재기 놀이~

# 나무토막으로 만든
# 집게 타입 사진 액자

나무토막으로 장식용 오너먼트를 만들어 사진용 액자로 활용하면 장
식성과 실용성을 동시에 누릴 수 있어 효율적이다. 아이들 준비물 목록
이나 시간표를 집어 놓아도 편리하다. 집 모양 하나하나에 아이와 함께
이름을 붙여 보아도 좋을 듯.

핸드페인팅

미리
준비해 주세요!

자투리 나무, 나무집게, 아크릴물감,
톱, 글루건, 붓

01. 자투리 나무를 잘라 알맞은 크기
     의 집 모양으로 재단한다.

02. 재단한 나무토막을 180방 사포
     로 부드럽게 샌딩해 준다.

03. 아크릴물감으로 집 모양을 그려
     넣는다.

04

04. 물감이 다 마르면 뒷면에 나무집게를 붙여 준다.

05. 스타일별로 몇 개 만들어 나란히 배치하고 사진을
    꽂는다.

05

아이의 사진을
꽂아 두면 아이가
너무너무 좋아해요.

# 패브릭으로 장식한 어린이용 책장

깔끔하고 세련된 어린이 전용 가구는 어른들 가구보다 훨씬 비싸다. 이럴 때는 엄마가 손을 좀 봐서 만들어 주는 것이 아이디어. 평범한 가구도 귀여운 느낌의 패브릭으로 장식해 주면 고급스러운 어린이용 가구로 변신시킬 수 있다.

핸드 페인팅, 패브릭 공예

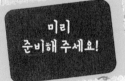
미리 준비해 주세요!

책장

패브릭, 페인트, 드릴, 칼, 바니쉬, 붓, (가위, 풀)

아이와 함께
칠해 주면
더 좋겠죠?

01. 드릴을 이용해 책장의 선반을 모
   두 빼낸다.

02. 책장과 선반들에 흰색 수성페인
   트를 3번 정도 발라 준다.

03. 패브릭을 재단하여 책장 안쪽에
   풀로 붙여 준다.

04

05

알록달록 재미있는
책꽂이…
책도 자주 보려나?

04. 페인트가 말랐으면 바니쉬를 2회
정도 발라 준다. 패브릭에도 바
니쉬를 발라도 되지만 고르게 잘
발라지지 않으면 얼룩이 생길 수
있으므로 패브릭에는 안 바르는
편이 낫다.

05. 선반을 다시 제자리에 고정시켜
주면 책장이 완성된다.

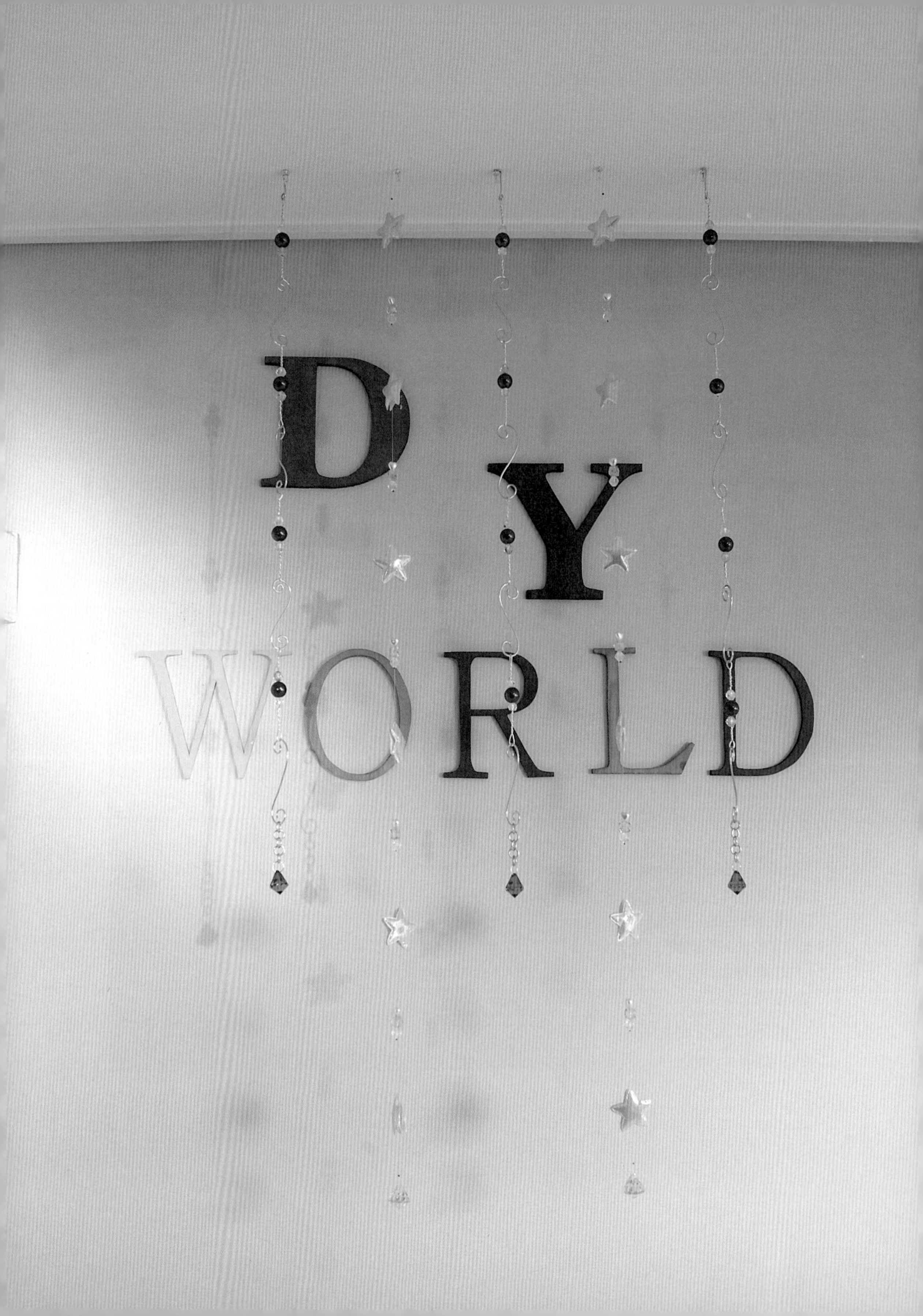
D Y
WORLD

# 와이어와 비즈로 만든 와이즈 발

발은 문이나 벽, 어느 곳에나 부담 없이 설치할 수 있는 장식품이다. 특히 장식할 만한 공간이 넉넉지 않은 경우에는 좋은 소품이 된다. 천장에 매달기 때문에 아이의 동선을 방해하지도 않고, 은은하면서도 반짝이는 포인트가 되어 방안을 환히 밝혀 준다.

와이어 공예

미리
준비해 주세요!

분홍색 와이어 2.0mm, 은색 와이어 1.2mm, 비즈 구슬, 니퍼, 9자말이 집게

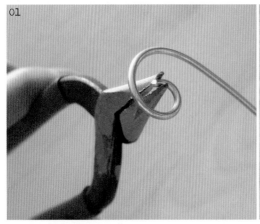

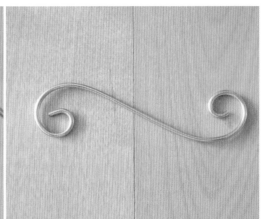

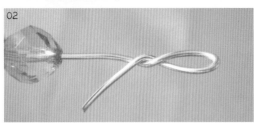

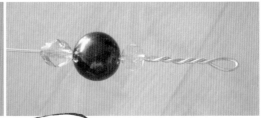

반짝반짝 신기한
모양의 와이즈 발,
아기 때 모빌이
생각날까?

01. 분홍 와이어 2.0mm를 15cm 길이로 잘라 9자말이 집
게를 이용하여 끝부분을 골뱅이 모양으로 감아 주고
부드러운 S자 모양으로 구부린다.

02. 은색 와이어 1.2mm도 15cm 길이로 재단하여 비즈 구
슬을 끼운 뒤 끝부분에 고리를 남겨 두고 꼬아 준다.

03. 다른 한쪽도 와이어를 꼬아 마무리를 해준다.

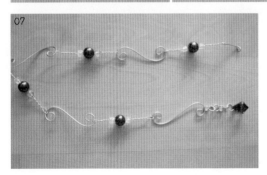

04. 연필에 분홍 와이어 2.0mm를 돌돌 말아서 빼내 한쪽 면을 니퍼로 잘라 준다.

05. 동그란 고리가 만들어지면 서로 연결하여 체인을 만들고 마지막 고리에는 비즈 구슬을 끼워 장식한다.

06. 비즈 구슬로 장식한 와이어와 S자 모양으로 만든 와이어를 서로 번갈아 가며 연결한다.

07. 맨 윗부분은 천장에 고정할 수 있는 고리를, 맨 아랫부분에는 비즈로 장식한 체인을 연결해 완성한다. 설치할 공간에 따라 길이와 개수를 조절하면 된다.

# 품격까지 되살려 주는
# 핸드 페인팅 침대

시트지를 붙인 침대 프레임은 시간이 지나면서 들뜨거나 품위가 떨어진다. 이럴 때는 과감하게 시트지를 벗겨 내고 페인트를 칠해 본다. 번거로울 것 같지만 생각보다 간단하면서도 효과가 커 리폼이 끝난 뒤에도 만족도가 크다.

핸드 페인팅

미리
준비해 주세요!

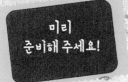

침대

페인트, 젯소, 바니쉬, 붓, (사포, 롤러)

01

02

엄마가 직접 아이의
침대를 멋지게
바꿔 준다면
즐겁고 편안한
꿈나라 여행을
하지 않을까요?

사포로 샌딩을 해주면
울퉁불퉁한 롤러 자국들이
줄어들어요.

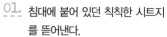

01. 침대에 붙어 있던 칙칙한 시트지
를 뜯어낸다.

02. 젯소를 바른 뒤 흰색 수성페인트
를 칠해 준다.

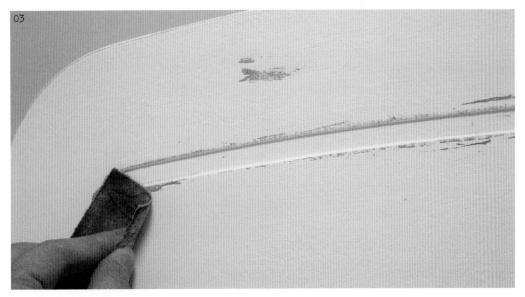

03. 페인트가 다 마르면 180방 사포로 군데군데 샌딩하여 편안하고 오래된 듯
   한 느낌을 만들어 준다. 페인트가 완전히 마르면 바니쉬를 3번 정도 발라
   마무리한다.

## 페인트 깔끔하게 칠하는 요령

넓은 면적은 롤러로 칠하면 쉽고 편하지만 오돌토돌 롤러
자국이 남기 때문에 마지막 페인트칠은 붓으로 해주는 것이
깔끔하다.

재활용품의 화려한 변신
루시아즈의 리얼리폼

1판 1쇄 인쇄 2007년 12월 7일
2판 1쇄 발행 2009년 9월 27일

**지은이** 배재경
**펴낸이** 안광욱
**펴낸곳** 도서출판BMK

**기획** 도어북 I **편집** 김난희 I **북디자인** 아르떼203_김여진
**사진촬영** 해모수 스튜디오 www.haimosu.co.kr
**제작진행** 삼성 PL I **종이** 화인페이퍼(주)

**출판등록** 2006년 5월 29일(제313-2006-000117호)
**주소** 서울시 마포구 서교동 463-31 플러스빌딩 4층
**전화** (02) 323-4894 / **팩스** (02) 332-4031
**이메일** arteahn@naver.com

값은 표지에 있습니다.
ISBN 978-89-958356-5-4  13040

**일원화 공급처 (주)북새통**
**주소** 121-841 서울시 마포구 서교동 464-59 서강빌딩 6F
**전화** (02) 338-0117 / **팩스** (02) 338-7160
**이메일** bookmania@booksetong.com